# 上を向いて生きる

宮本亞門

GENTOSHA

# はじめに

「これはオリンピックどころじゃないぞ」「新型コロナウイルスとの闘いは、かなり長期戦になりそうだ」

そう思ったのは、二〇二〇年三月のことでした。それからブロードウェイで上演中だった公演が全てストップ。日本の公演も相次いで中止となり、私のスケジュール帳も一瞬にして真っ白になりました。

普段、舞台を観ない方々からしたら、私たちのやっていることは、もしかしたら不要不急に見えるのかもしれません。でも、だからこそ、アーティストが人を勇気づける存在であることを今、証明したいと、四月二日にYouTube上で名曲「上を向いて歩こう」を歌や踊りで繋《つな》ぐプロジェクトを立ち上げました。

その理由は、これから先、もっと辛いことが起きても、絶対心は折れてほしくない。恐怖に負けないで、とコロナに立ち向かう人たちみんなを応援したかったからです。

私は二〇一九年、前立腺がんを患いました。出演したテレビ番組で前立腺に影がみつかったのが四月。告知を受けた瞬間「まさか自分が」と目の前がクラッときて、その後、前立腺の全摘出を選択するまでがひと月あまり。余りの孤独に死をも覚悟しました。

でも、幸い手術は成功。多くの人の優しさで、なんとか普段通りの生活に戻ることができました。還暦を迎えての闘病に、この歳でできなくなることもあるんだと実感した一方、まだ生かされていることで、できることが沢山あることを教わったのです。

私は、演出家という仕事を通じて「人間とは何か」を常に自分に語りかけ、時には苦しみ、考え、自分なりに生きてきました。私を知らない人の中には「宮本亞門は成功しているから、そんなポジティブなことが言えるんだ」と思う人もいるかもしれません。

でも実際の自分は、「生きることが辛い」「生きる価値がない」と人一倍、責め苦を味わった人間です。昔から、徹底的に自分を卑下して、対人恐怖症で周囲が怖くて、中学で自殺未遂をして、高校で一年間、引きこもりも経験しました。演出家になっても、何回、自分は向いてないと思い、辞めようとしたことか。今だって、人と話をしなくて良いのであれば、家で引きこもるかもしれません。

そんな私ですが、あえてこの人生で一度しかないだろう未曽有《みぞう》の事態の中、本を出さないかと幻冬舎さんからお話をいただきました。私のような者に何が届けられるか心配になりましたが、この先が見えない時期で、不安な日々を過ごしている方が多いと思い、ペンをとらせていただきました。

今、生きづらさを感じている、あなたに。

がんや病に悩まされている人や、それを支えるご家族に。

そして、生きる上で、理不尽や不条理に悩んでいるあなたに。

この本が、少しでもポジティブな気持ちを届けられれば、これ以上、嬉しいことはありません。

この本を、枕元やお手洗いなど、どこか、あなたの傍らに置いていただき、ページをめくった時に出る言葉が、そっとあなたに寄り添えたら、幸いです。

大丈夫です。

一緒に焦らず、上を向いて生きましょう。

二〇二〇年十月　東京・日比谷の日生劇場

ミュージカル『生きる』の稽古場から

宮本亞門

# 上を向いて生きる　目次

## 第2章 がんになって感謝を知る

## 第3章 幸せに向かって歩こう

## 第4章　演劇は人生の意味を教えてくれる

ブックデザイン　石川直美（カメガイ デザイン オフィス）
写真　南浦護
DTP　美創
編集協力　松堂今日太
構成　佐藤美和子

第1章

# コロナ禍から立ち上がろう

# 人を思う心は希望の光

二〇二〇年四月、YouTube上で名曲「上を向いて歩こう」を歌い紡《つむ》ぐプロジェクトを立ち上げました。

きっかけは二月。ニューヨークにワークショップで滞在していた時です。

行きつけのレストランに入ると、なぜかウエイターが申し訳なさそうに、アジア人を固めた端の方の席に案内するのです。そこでフッと頭に浮かんだのが、連日テレビで大きく報道されているクルーズ船についての、日本側の対応のニュースでした。ニューヨークは人種差別をしないようにみんなが努力している都市だったのに、いよいよコロナによる分断が始まったと思った瞬間でした。そして帰国後の三月頭、ニューヨークにも感染者が増え、日本でも舞台は不要不急かと騒がれはじめた頃、舞台が次々と休止となり、関係者から不安に満ちた電話がかかってくるようになりました。私は何のために舞台を作っているのかを改めて考えるようになったのです。

歌と踊りがあるミュージカルは、勇気と希望を与えることが役目。ならば、今、できることはないかと考え、「上を向いてプロジェクト」を立ち上げたのです。

最初は事務所を通さず、直接、著名人たちに電話で「無償で歌っていただけますか？」と切り出しました。これは完璧な業界のルール違反。私はそれを知りつつ心臓をバクバクさせながらお願いしました。多くの人がマネージャーに話します、と言ってくれましたが、その後、マネージャーの方から「無償はありえません」と断られたり、「お話ありがとうございます、こういうことをさせたかったんです！」と喜んでくれたり、当然、反応はバラバラでした。強引な交渉だっただけに、反応も十人十色だったのです。

そして歌の最後に、一般の方々にも加わってほしくて、YouTubeで音源を公開。そこに歌を吹き込んでくださいとアナウンスしました。そこからです、私の想像をはるかに超えることが起きたのは。

たった四日間で、六百人以上の方々から応募をいただき、正直ビックリでした。また送られてきた映像を見て、皆さんの心のこもり方に涙がとまりませんでした。

私はただ「医療関係者の皆さんや、感染に怯《おび》えて部屋にいる皆さんに語りかけてください」とお願いしただけなのに、「人は、出会ったこともない人たちを、こんなにも思えるのか」という衝撃でした。皆さんは歌を送る相手を想像して、言葉一つ一つがまるで言霊《ことだま》のように染み入るように歌いかけてくれたのです。

正直、もっと歌が上手な人だけで聴きたかったという意見もあります。でも今回の目的は「心を伝えること」。ですから、この「上を向いて歩こう」は、著名人と一般人を混合して、同じ愛《いと》おしい人間たちの歌として編集しました。

新型コロナウイルスは、家族や国を分断させました。

でも、私たち人間の想像力は、お互いを繋《つな》ぐこともできる。まさにこのプロジェクトは、一緒に乗り越えようという連帯意識による、希望の光そのものでした。

今だから
人への想像力で
世界は繋がれる。

## 立ち止まるきっかけ

いま、日本だけでなく世界中の国々でさまざまな問題が噴出しています。それらは、新型コロナウイルスが引き金となって突然現れたように思われるかもしれません。でもそれは十年ほど前からあった問題が、それぞれの国ではっきりしてきた結果。まさに菌が入った膿が出て、化膿しているのと同じ状態だと思います。

その一つが、巨大な資本主義のシステム。

お金を稼ぐことができる人が賢くて、稼がない人はそうではない。そんな風潮があまりにも広がって、限界まできてしまったのではないでしょうか。私たちは「明日から飢餓《きが》状態になるほどお金がない」というわけではないのに、とにかくお金を儲ける、生活を豊かにすることに、あまりにも集中し過ぎたのではないでしょうか。そして、それを理由に忙しくしすぎて、格差や貧困など、他のことは見て見ないふりをしてきた。その結果が問題になっているのです。

ですから、外出自粛で、みんなが自宅で過ごすようになり、突然、巨大なブレーキがかけられたことは、ある意味、価値のあることだと私は思っています。多くの人は、ニュースを前よりしっかり見るようになり、人の言葉にもっと耳を傾けるようになりました。それは「今までとは違う、何か自分自身を変えたい、変えなきゃ」と思う人が増えたからではないでしょうか。

演劇界でも同じことが言えます。これまで私も含め日本の演劇人は、自分たちの仕事の環境についてお互いにあまり話をしてきませんでした。組合も少なく、舞台を作るときは、とにかく初日のギリギリまで、絶対仕上げなきゃと徹夜してでも開けてきた。外国人スタッフはこれを見て「この国は信じられない」「全員が怒鳴《どな》ることなく、黙々と休まずに働いている」と驚きます。

もちろんそれが日本人の良い部分でもありますが、徹夜でみんながボロボロになりなががら、こんなに短期間で作らなければならない舞台は世界中どこにもありません。そこまでして、クタクタになって、「あれっ、何が面白くて作ってたんだっけ」と思う人も出てくる始末。そのせいで原点も忘れてしまうのです。

新型コロナウイルスは、そんな誰も止めることができなかった現状にブレーキをかけてくれました。

これまで、早く、安く、儲けることが主軸となっており、「ああでもない、こうでもない」と、皆でブレインストーミングをする時間もなかった。今後の未来や、社会における意味合いなどについて話す時間もありませんでした。

ですから、アーティストに対する補償金の少なさなども、新型コロナウイルスによって膿が出た、と言えるのだと思います。新型コロナウイルスによって生じた、今回の巨大なブレーキ。これは、演劇界だけでなく、全ての分野においても、縦割りではなく、横に繋がることの大切さを、教えてくれているのだと思うのです。

未曽有の時こそ
今までの固定観念を変える
巨大なブレーキ。

# あなたにしか咲かせられない花

コロナ禍という巨大なブレーキのせいで、会計士から「今月も収入ゼロ」と言われた時は、ただ笑うしかありませんでした。でも、悩んでいても仕方がない、この時期をどう過ごすかを考えようと、私は、先人たちが、感染症の時期に、なにを考え、なにを成したか、調べ始めました。

まず、シェイクスピア。ペストが流行した時、劇場が閉鎖になって職を失って書いたのが名作『リア王』。その中で彼は「どん底だと言っているうちは、まだどん底ではない」という名台詞を書き残します。

アイザック・ニュートンは、学生の時、ペストの流行で突然休校した十八ヶ月で、リンゴが落ちるのを見て、万有引力を発見。彼は当時を振り返り「創造的休暇」と呼んでいます。

レオナルド・ダ・ヴィンチも、ペストの蔓延《まんえん》の原因は不衛生な水にあると思い、飲み水に使う上水道と、使った水を流す下水道に分けることを考えつきます。さすが元祖イノベーター、ピンチをチャンスに変え、アイデアを誕生させました。

そして、現代。全ての公演が中止になっている、ニューヨークのブロードウェイの組合では、この時期を「オンリー・インターミッション」と名付け、焦らず休憩して、まずは家で出来ることをしようと出演者やスタッフに呼びかけました。つまり舞台と同じように、この時期は一幕が終わった後の、二幕を始める前の休憩。だから、この休憩を最高の二幕に繋げるための、ワクワクをキープする時間に使おうというのです。

リモートでできることを家から発信して、自分たちがしている仕事の魅力や、新たな可能性を広げるために、今まで以上に感動や創造を広げよう。観客たちとも今まで以上に繋がって、エンターテインメントの精神を、苦難の時こそ発信しよう、という実にポジティブな呼びかけです。

そこで私も、先人やブロードウェイを見習い、ネットでプロジェクトを立ち上げたり、毎朝、日の出と共に起きて、愛犬と一万歩くらい散歩したりして、むしろこの時間を、自分が変われるためのプレゼントだと思うようにしました。

新たなアイデアを膨らませたり、今まで気楽に声を掛けられなかったクリエイターやシンガーたちとＬＩＮＥのビデオ通話で話したり。夕方には、窓から見える一刻一刻と変わる夕日を見つめ、ヴェルディのレクイエムを聴きながら死者を悼《いた》み、まだ生きていることに感謝しました。

すると、元気のなくなった草花に、水をゆっくりあげるように、私の心が潤ってくる気がしました。自分の心の花を咲かせることができるのは自分しかいません。ならば、自分の花のために、水をたっぷりあげましょう。いつか大きな花を咲かせるために。

普段してこなかったことをしてみませんか。これからも起こるかもしれないことを心配して時間を費やすより、今この瞬間を、何かをスタートさせるチャンスに変えてみるのです。

突然の休憩を使って
元気がなくなった心に
たっぷり水をあげよう。

# 知れば知るほど不思議な歌

四月に立ち上げたYouTubeのプロジェクト。実は当初、「上を向いて歩こう」を選ぶつもりはありませんでした。あまりに名曲ですし、世界同時多発テロや東日本大震災など災害時には多くの歌手がカバーして、コマーシャルでも歌われていたからです。コロナ禍でも誰かがきっと歌ってくれるだろうと思い、私は心に染みるミュージカルの曲をと思っていました。

でもある日、感染を避けて会うことのできない九十四歳の父との電話が私の気持ちにストップをかけました。

「大丈夫？」と様子を聞いた私に父は「絶対、かからないように、じっと家にいるからね」と答えました。その声に、いつ感染するかわからない恐れを感じたのです。父と住んでいるのは、乳がんで抗がん剤治療をしている継母。そんな高齢者や合併症になりかねない人たちにどんな歌を届ければいいんだろう？　私は電話を切って考えました。

テレビでは、最期《さいご》に「ありがとう」の一言も告げられず、夫を亡くしていった妻が、泣き崩れている姿が映し出されていました。そして、そばにいる看護師たちの無念な胸の内を考えると、元気な歌よりも、誰にも言えない辛さを和らげてくれる歌がいいのでは、と思うようになったのです。

ならば、やっぱり！　国内外で、老若男女多くの人たちに知られた名曲「上を向いて歩こう」だと友人にも相談して決めました。

そして、歌の権利を管理している作曲家中村八大さんの息子さん、中村力丸さんにお会いして承諾していただいたのです。

この歌は、知れば知るほど不思議な魅力を持っていました。永六輔さんの詞も具体的にしていない、曖昧《あいまい》さが漂《ただよ》います。聴く側に多くの解釈の幅を与え、英語版のスキヤキ・ソングのように「失恋の歌」となったり、被災した人の歌になったり、自然と聴く者の心に寄り添うのです。だから歌う側も聴く側も、人に言えない、過去の自分が一番辛かった時の孤独や現在の不安な気持ちを重ねることができるのです。

また、力丸さんは、スキヤキ版とは違う英語版を、なんとオノ・ヨーコさんに作ってもらっていました。

私にとってオノ・ヨーコさんは、最も尊敬するアーティスト。独創的でかつ真髄を突いた戦争や男女差別への問題提起が詰まった作品は、まさに二十世紀を代表するアートと言っても過言ではありません。そんなヨーコさんが書かれた「上を向いて～」の英詞は、永六輔さんの詞に近く、歌う者たちの想像力をかき立てます。

国境を越えて中村八大さんのオフビートの心が軽やかに展開していくメロディーが重なり、多くの人の心に共鳴するのです。

YouTubeの「上を向いてプロジェクト」の映像では、坂本九さんの奥様、柏木由紀子さんにも歌っていただきました。由紀子さんの後ろには九さんの満面の笑顔の写真が飾られています。

夫の突然の飛行機事故でどんなに辛かったか。でもその辛さを乗り越え、由紀子さんは、今、夫の歌で人々を勇気づけています。遠くにいる人を思うこと、愛することがどれほど素晴らしいかを、教えてくれた歌でもありました。

歌は時代を超えて
人々の心に
共鳴する。

# 空から注がれる幸せ

「同じ景色は二度とないの。ほら、ごらん」

亡き母は空を指差して、私にささやいたものです。

「見慣れた景色は同じように見えるでしょ。でも、よーく見ると、あの空、あの雲、色、形、光。どんどん一瞬、一瞬で変わっていく。変わっていないと思うのは、あなたの心がそれを見ていないだけ」

病気がちで死を意識していた母が、私に繰り返し言っていた言葉です。

それ以来、私は空をよく見るようになりました。

そして私が二十一歳の時、母が脳溢血《のういっけつ》のために病院で亡くなった早朝も、あけぼのの空を見上げました。それは雲一つない、透き通るような美しい空でした。この広い空も宇宙も変わり続ける。変わらないものは何もない。そう感じるようになると、新しい瞬間に出会えている今を、どんな時も両手で受け止めて、大事にしたいと思えるようになりました。

またある日のこと。沖縄の友人と夜空を眺めていると、彼がこんなことをつぶやきました。

「幸せって無限大にあるんだ」

それまでの私は、幸福は一瞬の出来事。それも、人生は辛いことのほうが多いから、時折、顔を見せるぐらいにしか訪れないと思っていました。その後、しばらく無言になって無数の星を見ているうちに、私はこの空が教えてくれているように、無限大に幸せを望んでいいんだ、と楽な気持ちになりました。壮大な空や海、それに宇宙は、いつだって私たちを祝福してくれているのです。

すでに半世紀以上前に、坂本九さんの「上を向いて歩こう」で、幸せは雲の上や空の上にある、と歌われていました。

人は誰でも、心が挫《くじ》けそうになることがある。でも、そんな時こそ見上げる空の先には幸せがある。つまり、私たちは、どんな時も幸せに見守られている。私がこの曲で数百人が歌い、踊り継ぐ動画を企画したのは、そんな思いを世界中の人と分かち合いたかったからです。すると動画は二ヶ月で累計二百万回以上再生され、多くの人から、感謝の言葉もいただきました。

困った時、深呼吸ができないほど辛い時、どうか空を見て、景色を見て、静かな時間を過ごしてください。そして、ちっぽけな地球で悩んでいる自分に教えてあげてください。この広い空も宇宙も変わり続ける。明けない夜はない。だからこそ、新しい瞬間、瞬間に出会えている今を、両手で受け止めて大事にしようと。

空からはいつでも、見返りを求めない、無条件の幸せがたくさん、たくさん、あなたに降り注がれているのですから。

見上げる宇宙には
世界中みんなの
幸せが無限大にある。

# 行動こそ財産

「自分は将来、どうなるのか？」。私は二十代の頃、いつも悶々と心配し続けていました。それは余りに長く、辛い時期でした。そんな、いつもため息ばかりついていた私に、父は小さなメモを渡してくれました。「人生、悩んでいるには、短すぎる」

それからです。ロンドンへの留学など、とにかくノンストップで行動し始めたのは。何がなんでも自分にしかできない演出をしたかった私は、あえて劇団には入らず、ニューヨークに行ったり、役者として舞台に立ちつつ、演出をさせてくださいと頼んで回ったりしました。しかし、見事に断られ続けました。

でも、行動したことが、間違いだと思ったことは、一度もありません。

このコロナ禍でも、「上を向いてプロジェクト」以外にＳＮＳ上で新作ミュージカルができないか、真剣に模索していました。

すると、ある会社からビデオ会議システムのZoomを活用した「Zoom・ミュージカル」をやってみませんか、というお誘いを受けました。あまりのタイミングの良さに私は大興奮。普段は一年かかるオリジナル台本を二ヶ月で練り、素晴らしいスタッフやキャスティングのもと、それぞれ誰にも会わずにリモートで打ち合わせながら、紆余曲折を経てやっと台本を完成させました。

しかし、この二ヶ月練ったことがかえって問題になったのです。七月には緊急事態宣言が解除されていたこともあり、世の中の空気も一変しました。スポンサーが集まらなくなり、また、Zoomは技術的にタイムラグで音がずれ、ライブでの歌は二重唱が限界で、合唱ができないことなど、金銭面、技術面でも問題がふくらみ、断念せざるを得なくなったのです。

思いを込めて進めていた作品を、突然、断念しなくてはならないことほど、悔しいことはありません。でも、そんな突然の断念は今回が初めてではないのです。今まで何十回も経験してきて、その度に私は「それでもまだ、やりたいか？」と自問自答し悩みました。でも、答えはいつもＹＥＳ。それでやめたら後悔が残るだけだと、経験で学んできたからです。

そしてわかったのは「人生に失敗などない」ということです。断念に追い込まれるのは、ただ時期が早かったとか、歯車が噛み合っていなかっただけ。全てが次へ進むための貴重な経験だったのです。だから悔しい気持ちを感じた時は、それを倍返しできる強力なバネに変え、また挑戦するのです。

それがどんな状況であれ、自分がしたいと思ったことは、行動に移せばいいのです。特にコロナ禍のような先を見通せない時こそ、行動するべきだと私は思います。だって、いくら考えても、先が見えない状況なのですから。ならばこそ躊躇せず、行動を起こすべきです。それに、何も始めないよりは、何百倍も自分のためになります。どんな行動も、それ自体が貴重な経験になるからです。行動する前に失敗を恐れたり、心配になって相談に乗ってもらう必要はありません。

インドの革命家、マハトマ・ガンジーはこう言ってます。「何かを訴えたい、意思表示したいと思った時に、それを人に話したり、書いたりする必要はない。ただ行動し、己の生き様で見せるだけだ」

頭で考えた、いくら新しく、素晴らしいアイデアも、行動を伴わなければ何にもなりません。

「その人の性格は、その人の行動で決まる」とアリストテレスも言いました。行動するのか、しないのか。それは周りの環境や社会が原因ではなく、自分自身の性格の表れ。ならば自分の性格や習慣を、変えればいい。いくら言い訳をしても、行動の結果こそが、あなたが生きた証なのですから。

失敗はただの幻想です。あるのは、行動によって起こした結果だけ。

あなたが熱意を持って行動すれば、必ずや将来、大切な人たちと出会って、あなたの人生の大きな財産となるはずです。

考えるな、恐れるな
失敗はただの幻想
行動する、そこに未来がある。

# 犠牲者の数以上に大事なもの

　連日、テレビでは、新型コロナウイルスの感染者と死者の数をアナウンサーが真剣な顔つきで伝えています。

「今日は、三日ぶりに百人を下回りました」「今日は二ヶ月ぶりに二百人を超えました」。でも正直なところ、数だけを聞き続けていると、その一人一人が自分たちと同じ、唯一無二の人間だったことを忘れてしまいます。

　実は、「上を向いてプロジェクト」では、当初、ブロードウェイのスターたちにも参加してもらうつもりでした。その時に、一番先にお願いしようとしていた人が、『ブロードウェイと銃弾』でトニー賞にノミネートされ、数々の作品の主演をこなしてきた、ニック・コルデロさんです。ニックには、ヒット映画『ベスト・キッド』（英題『カラテ・キッド』）のブロードウェイ上演に先駆けたワークショップで、愛すべき悪役、コブラチームの先生役を演じてもらったからです。

ニックの演技は芯が強く、それでいてユーモアに富んで、四十一歳とは思えない存在感がありました。それはまさに、この役のために生まれてきたとしか思えないほど。

ニックもワークショップを楽しんでくれたようで、ブロードウェイで上演する時は必ず呼んでほしいと、特大の笑顔で強いハグをして別れました。ニックとの最後だとも知らずに。

二〇年三月。ニックが新型コロナウイルスに感染して入院したという情報がまず入り、その後、四月には、タバコの吸い過ぎによる合併症で人工呼吸器を装着したと聞きました。

それでも症状は悪化する一方で、なんと右脚切断の手術を受けたのです。そして意識のない状態が続くあいだ、世界中のニュースでは「ブロードウェイ・スターの悲劇」として取り上げられ、大勢のファンが、SNSで「#WakeUpNick」とニックの回復を祈り、ブロードウェイの仲間たちも、彼の代表曲「LIVE YOUR LIFE」を大合唱しました。

すると五月半ば、ニックは目を覚まし、少しずつではありますが快方に向かっている、と奥様のクルーツさんがネットでニックの状況を報告してくれました。しかし、電話やLINEが飛び交い、祝福していたのも束の間。七月五日、両方の肺のダメージが酷《ひど》く、ニックは帰らぬ人となってしまったのです。妻と一歳の息子エルビス君を残し力尽きた、九十五日間の闘病生活でした。

またウイルスはニックだけではなく、『カラテ・キッド』の作曲をしてくれている、ドリュー・ガスパリーニや、振付を担当する、キオネ&マリのご夫婦にも、感染しました。キオネは、生まれたばかりの子供を思い、大変な心労だったようです。

大切なのは、感染者や死者の数そのものではありません。そこに一人、一人、血も心も通った人間が、精一杯生きていたという事実です。

人は統計上の数字より、まさに人の心に動かされます。

日本でも、志村けんさんや岡江久美子さんが亡くなられたことで、色々と感じられた人も多いと思います。人は数の一部ではなく、一人ひとり、精一杯生きた人間であることをどうか、忘れないでください。

人を数字でまとめないで
一人、一人
血も心も通った
人間として見よう。

## まだ魔女狩りを繰り返しますか？

十五世紀から十八世紀まで、ヨーロッパで五万人以上の女性を処刑したとされる魔女狩り。その発端は、気候変動とペストの流行だったと言われています。悪者探しから女性差別に発展。それが集団ヒステリーを起こし、多くの罪なき女性たちが殺されました。

人々はいつの時代も、混乱が起きると、自分の不安を解消するために、弱者を選び、スケープゴートにして、制裁を加えてきました。まさか、現代でそんなことは起こらないだろうと思っていた矢先、新型コロナウイルスでも、再び人間の醜い面が浮き彫りになってきたと思います。

まず、感染者に対する誹謗中傷と差別です。感染してしまった彼らこそが被害者であって、非難されるべきは感染者ではなく、新型コロナウイルスのはず。それにニュースでは、ある看護師が感染症の指定病院に勤めていることを、ご近所の人たちが知り、その看護師が差別を受けたと報道されました。

実は同じような差別は、百年前、四十五万人の死者を出したスペイン風邪《かぜ》の流行でも起きていました。その被害者は日本で最も有名な女優だった、松井須磨子。日本の現代演劇史に残る、最初の洋物芝居を演じた女優さんです。

彼女が島村抱月という演出家と恋仲であったことは、世間でも話題でした。大女優が妻子を持った演出家と公然と暮らしていただけでも、大スキャンダルなのに、なんと彼女はスペイン風邪になり、抱月に感染させてしまったのです。そして約一ヶ月後、抱月はこの世を去ります。

案の定、世間はそれを許しませんでした。須磨子は大反感を買い、新聞でも強く叩かれ、差別を受けました。しかし気丈な彼女は負けませんでした。一人、亡き抱月から教わった演技を探求すべく、抱月の死後、四年間、ずっと舞台に立ち続け、心身を捧げて、最高の演技を観客に披露したのです。そして、ついに、精根尽き果て「あなたの後を追う」と残し、首吊り自殺をします。

社会が不安におちいると、人はいつも、苛立ち、溜まったうっぷんを晴らしたくて、悪者を探し出し、生贄《いけにえ》として吊るしあげてきました。

昨今のネットも同じように、相手のことを考えず、感情任せに書かれたであろう悪質な文面が拡散されて、多くの人を傷つけています。それもこれも、誹謗中傷や差別をする人が、弱くなった自分の心からくる不満のはけ口に、他人を使っているだけです。

もう魔女狩りの時代は終わりました。感染した人も、感染させた人に対しても、魔女狩りのような卑屈な非難は、二度と繰り返さないよう、心がけたいものです。

誹謗中傷や差別は
他人を利用した
自分自身の不満のはけ口。

# 刺激のオンパレード

ＳＮＳによる情報の加速化は、便利で、使いやすく良い点もありますが、フェイクニュースのように、ありもしないことが報道されたり、恐怖をかき立てる情報や、昔なら一部のスポーツ新聞しか打たなかったセンセーショナルな見出しも乱立して、有象無象の野放し状態の感があります。

それはまさに「刺激」のオンパレード。一部の動画は再生回数を増やし、「いいね！」や動画登録者数を増やして、まるで炎上さえ期待している人もいます。もちろん誠実に、人のためになる内容を配信している人もいるにはいるのですが。

はたしてこれは配信する側だけの問題なのでしょうか？　見る側も、良いコンテンツがあっても、興味を示さず、スルーして、刺激に欠いていると面白くないと思うようになってしまった。その脳内構造にも原因はあるのではないでしょうか。

体に悪いものだと分かっていても、儲かるから販売する人たち。体に悪いと分かっていながらも、刺激に手を出す消費者。双方は同罪だと思うのです。

今は、刺激度が益々エスカレートして、SNSだけではなく、テレビのニュースもランキング形式にして、音楽を加えて盛り上げています。映画も、テレビドラマのつくりも、視聴者を飽きさせないように、次から次へと刺激的などんでん返しを連続させ、「他の番組へ変えさせない」を合言葉に、まるでローラーコースターから視聴者を降ろさず、視聴率を上げることが最重要課題になっているように思えます。

これは、視聴者に深く考えさせる間を与えない。言い換えれば、考えさせないようにしている。まるで麻薬と同じです。気づいたら、どうでもいいことだけが頭に残り、その結果、日々の生活に対しても、興奮と苛立ちだけを渇望するようになるのです。

また刺激化は、視聴者が映像の中の仮想現実と、リアルな現実の違いがわからなくなってきたことにも原因があると思います。

例えば、九〇年代からアメリカで始まった、台本や演出がないドキュメンタリーのようなリアリティー番組。実はこれこそ、リアルではないのです。例えば、どんなに素晴らしいドキュメンタリーだって、制作者や監督、カメラマンの視点が入っている以上、本当のリアルではないのと同じように。もちろん報道も同じです。だから、私たちはそれを鵜呑《うの》みにして信じるのではなく、情報を精査する力が必要なのです。

作る側も、最初は視聴率に縛られず、自分たちが面白いと思って作るのですが、続けていくうちに、視聴率を維持したいがため、ヤラセや仕込みを入れる。こういった行為は驚くに値しないことで、むしろ、それをリアルな現実だと思って見ている視聴者にも問題があると思います。

仮想現実とリアルな現実の区別を失っているSNS上のコメント。

それは、決してあってはならない方向に、人を追い込むことがあります。

これ以上、自殺者を増やさないためにも、あなたの意見が言葉の刃にならないよう、相手の気持ちを想像してから、コメントしてほしいものです。

刺激の罠にはまらないよう
何が仮想で、何がリアルか
冷静に見分けよう。

# 歴史を知らない人は歴史を繰り返す

コロナ禍での混乱を見ていると「歴史を知らない人は、歴史を繰り返す」という言葉を思い出します。

私たち人類が誕生してから、何度も私たちは大きなサイクルを繰り返し経験してきました。例えば約二百年前も、一八三三年に冷害や長雨の異常気象で大飢饉に。その後、ペリー艦隊が強制的に日本を開国。翌年には、東海沖でマグニチュード八・四の大地震。その翌年には江戸で直下型大地震が起き、死者多数。そして数年後、外国人が持ってきたコレラが大流行し、江戸でも十万人近い死者が出ます。

また、約百年前も、第一次世界大戦の最中、一九一八年にスペイン風邪が大流行して三十九万人が死に、数年後の関東大震災では十万人近くが死亡。その時のデマによる虐殺のため、治安維持法が成立して、一九二九年に世界大恐慌が訪れます。

どうか勘違いしないでください。私は不安をかき立てたいのではありません。むしろ反対で、この大きなサイクルの中、歴史が示したような苦い体験を繰り返さないために、変に騒ぎ立てたり感情的にならず、不安な時こそ冷静さを保ってほしいのです。

地球は生き物。我々にも山あり谷ありとサイクルがあるように、地球にも存続させていくための大切なサイクルがあります。ということは、東日本大震災や感染症のパンデミック後の今から、南海大地震、首都直下型地震、富士山噴火、経済破綻が起き、大きな変革期が訪れる可能性は大きいのです。

でも人は、本能的に、自分の中の何かが壊れることを恐れ、惨めになってもなんとか継続して頑張ろうとしてしまいます。でも、長期的に見ると、人類が生き長らえてこられたのは、私たちの先祖が継続にこだわらず、この地球で臨機応変に、変化を乗り越えてきたからです。だから、これからも継続だけに執着せず、新たな時代の変化を受け入れてほしいのです。

恐れずに言うならば、森羅万象すべては、崩壊させられることで、次へ進化してきたのですから。

でも、大丈夫。私たちには、自分たちの身を守るためにそれを乗り越えてきたＤＮＡがあります。不安な時はＤＮＡのアンテナを張って、五感、六感もフル回転させ、直感と予感を大事にしてください。

あと数年すれば「あの時があったから、変われたんだね」と微笑《ほほえ》んで話せる時が必ず来ます。新たに訪れる時代のためにも、温故知新の気持ちで歴史を知り、あなたのＤＮＡのアンテナを張って、心穏やかに心身を守ってください。

世界は決して終わりません。

まずは、備えをしつつ、今、生きていることを充実させる。そして何かが起こったら、冷静に「歴史が繰り返されているだけ」と思い、落ち着いた行動を取りましょう。

歴史は何度も繰り返す
あなたは変革期の傍観者
自分の内にあるＤＮＡを信じて。

# 「断定」する弱さ

「あなたは右翼ですか？　左翼ですか？」。ある報道番組が始まる前に、ディレクターから聞かれて驚きました。どちらかの二者択一だったからです。私は「そのどちらかより、リベラルかと思います」と答えました。すると、次に「では、保守ではなく、リベラルということですね」。また、二者のどちらかに断定されそうだったのでこう返しました。「とにかく、違いを否定せず、違いを分かりあいたいと思っています」。すると、笑いながら「なるほど、さすが『違いの分かる男』ですね」となり、会話は不思議な空気で終了しました。

私は何事に対しても、なるべく断定しないようにしています。なぜなら人は困惑の時こそ、「断定」を求めるからです。それは、一人で悩んだり考えたりするより、早く答えを知って、不安を忘れたいからでしょう。そんな時、呼応するように、教祖や独裁者が生まれるのです。つまり、彼らが誕生するのは、人々の心の弱さからなのです。

そして、独裁者たちは、混乱の時を利用して、パワーを増していきます。

今は百年に一度のパンデミックの時代。不安定になった世界は今、大きく変わろうとしています。これから懸念されるのは、民主主義が持続できるかどうかでしょう。

コロナ禍で、救いを求める多くの国々があり、世界の地政学的な再編もはじまっています。安くモノが作れ、世界の工場として発展してきた中国は、今や技術と経済力を獲得。大きな発展を遂げ、自給自足ができる大国となりました。技術革新から、食料品やマスク、人工呼吸器から防護服に至るまで、ありとあらゆるものの製造拠点になり、今や、世界中に対して医療支援をしています。

感染者数が急増したイタリアは最初、ドイツやフランスに支援を頼みました。でも、どの国も自国のことだけで手一杯。そこに中国は支援の手を差しのべました。そういう状況から考えても、中国は一帯一路政策のもと、躍進し続けるでしょう。

反対にアメリカは新型コロナウイルスの感染者数を見ても分かるように、トランプ政権による新自由主義の混乱のため、今までのパワーを失っていきます。

十二年前、私は飢餓の危機に瀕していたアフリカのケニアを訪れました。そこでは、人々が笑顔で近寄ってきて「あなたは中国人か？」と聞かれました。私が日本から来たと言うと、とても残念そうな顔で言うのです。「中国人なら、習近平にお礼を伝えてもらおうと思ったのに」

実際、ケニアの道や病院は中国マネーのお陰で整備されていました。郊外に向かう道はコンクリートで、電柱や電線も整備され、あちらこちらで電気が灯っていました。そして、道の先には、巨大な中国の石油採掘所もありましたが、大きな経済的な貢献は一面的なもの。習近平氏は常に「七不講」で大学や言論界に対して、報道の自由や、市民の権利を否定しています。

大きく変化をしていく時代。もしかしたら民主主義すら、変わるかもしれないのです。だからこそ私たちは普段から「断定」しない、「断定」されたことを鵜呑みにしない。

精一杯、自分で悩み、自立し、他者をおもんばかって、常にしなやかに、他者のことも思えるよう、利他的でありたいものです。

多様性を大切にしてください。それが一人一人を尊重し、人間の尊厳を守る唯一の方法なのだから。

断定しない
自律し、他者を想って、利他的に
多様性こそ人間の尊厳。

## 楽天的とポジティブは違う

コロナ禍で「楽天的に！」とか「ポジティブに」という言葉をよく聞きますが、ふっと「楽天主義とポジティブって何が違うの？」と疑問がわきました。

昔、演出した作品にバーンスタイン作曲の『キャンディード』という作品があります。原作はフランスの哲学者、ヴォルテールが書いた『カンディード、あるいは楽天主義について』。その中で特に興味深い役が、楽天主義を唱え続けるパングロス博士でした。彼は城に住む純粋な青年、カンディードの教師で、「この世は最善の世界で、全てが申し分ない」と明るく世界の素晴らしさを説くのです。

しかしその後、城は襲撃され、博士とカンディードは離れ離れになり、次々と不幸が彼らを襲います。そしてお話の終盤、ついに二人は、ボロボロになって、奴隷船で再会するのです。カンディードは常々疑問に思っていた問いを、博士にぶつけます。「あなたは絞首刑にされ、叩きのめされ、奴隷になって船を漕《こ》いでも、この世は申し分ないと言うのですか？」と。すると博士は真面目な顔で答えます。

「私の気持ちは最初から変わらない。なぜなら私は哲学者だからだ」

私はこの言葉をこう解釈しました。博士のいう楽天主義とは「そうあってほしい」という思いであって、現実とは違う。だから博士は現実を封印して、哲学者として存在するために、事実に対して、見て見ぬふりをしてきたのだ、と。

生きることは、綺麗《きれい》ごとではすまされません。どんなに祈ろうが、どんなに理想を語ろうが、痛みを伴った現実が容赦なく押し寄せる。その時、あなたはどうしますか？　現実を見て見ないふりをするのか？　それとも行動に出るか？

そんな楽天主義とポジティブの違いを、現代のフランスの経済学者で思想家のジャック・アタリ氏がわかりやすく説明してくれました。この言葉はこの不安なコロナ禍の中で、私にとって大きな励みとなりました。

「パンデミックという深刻な危機に直面した今こそ、他者のために生きるという人間の本質に戻らなければならない。利他主義という、理想への転換こそが、人類のサバイバルの鍵だ。そして、ポジティブに考えて生きるということは、利他主義と並ぶ大切なキーワードになる。

しかし、楽観主義とポジティブは大きく違う。例えば観客として試合を見ながら、『自分のチームが勝ちそうだな』と考えているのが楽観主義で、ポジティブは、自ら試合に参加し『どうプレイすれば、試合に勝てるか』を共に考えることだ」

つまり、傍観し、現実を見ないのではなく、一緒に参加して、良い現実を共に探っていくことなのだとジャック・アタリ氏は言うのです。そして彼は「人類全てがこの試合に勝てると考えています」と締めくくりました。

今、あまりに多くのことが同時に起きています。自国の得だけに集中する政治家たちが君臨し、利己的世界が広がり、コロナによるロックダウンと共に国々の断絶が問題になっています。今こそ、争いや競争ではなく、世界規模での医療への取り組みや、どう経済や我々の暮らしを変革させていくかが最重要なのに。

私たちはニュースを見ているだけでいいのでしょうか？　それとも小さな力であったとしても、このパンデミックが良き世界へと変わるきっかけとなるため、選挙に行き、発言し、協力していくべきなのでしょうか？

思想家であり建築家の尊敬する異才、バックミンスター・フラーが言うように、私たちは、「宇宙船地球号」に乗り合わせた乗客です。

それをどのように操縦していくのかは、私たちに委《ゆだ》ねられているのです。

ポジティブとは
社会に参加し、共に考え
行動すること。

第2章

# がんになって感謝を知る

## 「魔の不安定期間」から抜け出す

あれは、真っ暗な宇宙のなかに一人放り出されたような感覚でした。

どんなに叫んでも、いくら手を伸ばしても、私の体は得体の知れない闇の奥へと引き寄せられていきます。自分が着ている宇宙服だけが発光していて、あたりは無限に広がる暗闇。とても孤独で、あまりの恐怖と不安に途中で目が覚めるのです。

これは子供の時から人生に不安を覚えると見ていた夢。

その夢が突然、思い出されたのです。

前立腺がんであることがわかって、病院から帰宅した夜のことでした。

二〇一九年三月、私はテレビの医療バラエティ番組『名医のＴＨＥ太鼓判！』に出演しました。その番組は出演者が事前に人間ドックを受けて、その診断結果に基づいて数十名で構成されている医師団からアドバイスをもらうという内容です。私も人間ドックを受診し、二つの舞台稽古をかけ持ちしていた時期でした。一つは『プリシラ』というミュージカルコメディで、もう一つは三島由紀夫原作のオペラ『金閣寺』。ある日、稽古が終わると、事務所から緊急連絡が入っていました。

「至急、もう一度病院に行ってください」

私はただならぬ空気を察知し、翌朝、病院へ駆けつけました。すると先生は、レントゲンを指して言いました。「前立腺に影があります、精密検査を受けるように」。泌尿器科の専門医を紹介され、すぐ、NTT東日本関東病院の志賀淑之先生を訪ねると、前立腺の組織を取る生検が行われ、前立腺がんであることがわかりました。

はたして、がんは前立腺だけなのか。周囲のリンパ節や骨への浸潤と転移を調べる検査も行われることになり、私は病院を出ました。

突然、がんであることが突きつけられ、しかしどこまで進行しているかはまだわからない私は、宙ぶらりんの状態になりました。病院での私の様子は、番組の一環としてテレビが撮影していたので、周囲には普段と変わらず明るく振る舞っていましたが、その日、私の心には重い鉛がぶら下がっていたのです。

今でも思い出されるのは、静まりかえった自分の部屋に一人でいると、不安と恐怖が増幅されていったことです。がんのステージがわからないので、どうしても悪いほうへ悪いほうへと想像してしまうのです。

転移していたら、今の仕事はまずキャンセルになるだろう。残された余命によっては二度と舞台の仕事ができない。還暦を迎えた時ですら、残りの人生を意識しなかったのに「なぜだ、なぜ自分だけが」とあれこれと想像を膨らませて、自分で自分を追い詰め、苦しめてしまう。さらに心の準備のために知っておこうと検索したインターネットのネガティブな情報も、かえって不安をかき立てました。

この状態は、がんを告知された患者の「魔の不安定期間」と言うそうです。なかには、うつ病や適応障害を発症する人もいるとか。

この先どうなるかわからないので不安に陥り、最悪のシナリオを自らがつくり出す。そして、そのシナリオに自らをがんじがらめにしてしまう。

この「魔の不安定期間」は、おそらくがん告知だけではなく、人生のさまざまな場面においても起こり得ることだと思います。今ならば、世界中に蔓延している新型コロナウイルスも、膨大な数の人々に「魔の不安定期間」を与えていると思います。

不安や恐怖の渦中にいたら、人は誰でもネガティブなことしか考えられなくなります。考えるなと言われても無理。不安な情報を省こう、ネット検索を止めよう、と思っても、手は勝手に動いてしまうものです。

私は寝る前に心を癒《いや》してくれる音楽を流し、自らの心に向き合いました。自分の心の奥底にある死への恐怖による負の連鎖を消すために、九死に一生を得たバンコクでの交通事故を思い起こすことにしました。

すると、二十年前の私が、今の私に言うのです。

「死は怖くなかっただろ。むしろ白い光に包まれて、あまりの気持ち良さに、思わず行きそうになったじゃないか」

不思議な体験をしていたのが幸いして、死は光の世界のはずだったのに、なんで、闇の奥へ引っ張られる恐怖感に苛《さいな》まれているんだ？

そして、私は気づいたのです。

今、私は不安と恐怖が暴走して作り出した、虚《きよ》の世界にさまよっているだけなのだと。

そして「これは脳が勝手に作った虚の世界」と自分に強く言い聞かせ、私は脱出を図りました。

不安と恐怖は
あなたの心が暴走して作った
虚の世界。

# 前立腺がんを患う

前立腺がんは恐ろしいことに、近年急増しています。二〇一七年には胃がんを抜いて、男性の罹患数が最も多いがん[*1]であることを初めて知りました。アメリカでは肺、大腸とともに男性の三大がんの一つです。

いわゆる新興がんだったとは驚きです。

私は前立腺がどこに位置するのか、それすらあやふやなほど、前立腺がんについての知識は皆無でした。

前立腺は膀胱《ぼうこう》の真下、膀胱から延びている尿道を取り囲むようにして付いている器官で、生殖器としての機能以外に、膀胱とともに排尿を調整する役割を担っています。そのため、治療では勃起不全と尿障害の合併症が起きやすくなります。大きさは栗の実にたとえられ、主治医は「薄皮まんじゅう」と称して説明してくれました。

私のステージ結果は、「薄皮まんじゅう」から今にもあんこ（がん細胞）が薄皮を突き破ってこぼれそうな状態。寸前のところで、まんじゅうのなかに留まっているというものでした。つまり、4ステージのなかの、早期がんに属するステージ2ぎりぎりだとわかったのです。

その瞬間の喜びといったら、私はなんて幸せ者なんだと、心のなかで歓声を上げたほどです。一時は死へのカウントダウンすら頭を過《よぎ》っていましたから、転移しているかどうかは大きな分岐点でした。

でも、ここで私がお伝えしたいことは、早期がんで私は運がよかったという話ではありません。早期発見がいかに人の人生を変えるか、そのことを思い知った瞬間だったのです。

生きるとは、予期しないことを次々と体験していくことです。

早期の前立腺がんは、尿が少し出にくくなったぐらいで、自覚症状はありません。しかし心強いのは、このがんはＰＳＡ検査という、ごく簡単な血液検査で早期発見することができることです。私のようなステージ2までの早期であれば、十年後の生存率は百パーセント[*2]。未然に命を守ることができるのです。

ただ残念なことに、部位が生殖器ということもあって、今まで前立腺がんの具体的なことが大々的に語られることはあまりなかったようです。

私は、テレビ局全局が集まった記者会見でがんについて話すことになり、その事実を知りました。ですから、あるインタビュアーに「勇気ありますね」と言われて驚いたのです。私自身は、がんになって、ただ報告しているだけなのに。でも、この前立腺がんは、下半身にまつわることもあって、なかなか人が語りづらい側面があるのだと。しかし、私にとっては、早期発見できたこと自体がただただ感謝。私の体験が少しでもお役に立てればと思い、これからも伝えられることは伝えていこうと思っています。

＊1　国立がん研究センターがん情報サービス『がん登録・統計』（全国がん登録）
＊2「全がん協生存率調査」

前立腺がんの
十年後の生存率は百パーセント
早期発見が
あなたの人生を変える。

## どう生き続けるか、究極の二者択一

がんになると、必ずと言っていいほど、誰もが「セカンドオピニオン」が大切だと言います。これは医師の選択ではなく、患者自身がどの療法を選ぶかを決めるためです。それぞれの療法にはそれぞれ異なった治療経過と合併症があります。そこで私は、どう生きたいか、どういう自分でいたいか。根源的な生の在り方を熟思させられることとなりました。

前立腺がんの治療は主に三つ、放射線療法、内分泌療法、手術療法があります。

まず放射線療法は、放射線を照射してがん細胞を死滅させます。内分泌療法は、前立腺がんは男性ホルモンの影響を受けて増殖することから、男性ホルモンの分泌や働きを薬によって抑えます。

私の場合はがん細胞の広がりから、放射線療法であれば内分泌療法との併用が不可欠でした。そして内分泌療法は数年かけて行わなくてはならず、男性ホルモンを抑えるので、人によっては、乳房の女性化やホットフラッシュなどが起きて、女性性が増して、女性の更年期のような、不安定な精神状態が起こることがあるらしいのです。

また手術療法は、その名の通り、手術によって前立腺と精嚢《せいのう》、つまり精子を機能させるための部分を摘除。残った膀胱と尿道を繋ぎ合わせます。でも、病状によって勃起神経を傷つけず完全に温存することは難しく、実際に勃起するかどうかは術後になってみないとわからないのです。つまり、陰茎や睾丸は存在するものの、勃《た》たなくなるかもしれないわけです。それに主治医からは、前立腺を取ることは女性の体の機能と同じになると思ってください、とも言われました。

つまるところ、極論を言うと、男としての「精神」を選ぶのか、男としての「身体」を選ぶのか。究極の二者択一を迫られました。

正直、生きるためとはいえ、身体と精神が引き裂かれるような難題でした。

友人にも相談しました。面白いことに、男性の友人は、精子が出ないこと、勃たなくなるかもしれないことに驚き「男の身体でいること」の大切さを私に真剣に説き、女性の友人は「そんなに悩むこと？」と少し他人事でした。それぞれ付き合ってきた体が違うわけですから、無理もありません。

そして、最後まで、私でいることを、あきらめたくなかった私を決断させたのは、手術療法。つまり、切断を選んだのです。

その理由は、ホルモン注入による精神の不安定さより、自己を持ち続けることができると思ったからです。美しいものを愛おしく感じ、感動することに感動していたい。もちろん、放射線療法＋内分泌療法が数年かかることも、決断した理由でもありますが。

いずれの治療法も身体と精神には試練が課せられ、完璧なリスクフリーの治療法ではありません。そこで私が学んだのは、男も女も性別は関係ない。大切なのは自分のことを認め、自分らしく生きることです。人それぞれが思う在り方が究極の選択を決める。仕事場や家庭で采配を下してきても、生き方そのものを判断することはそうあることではありません。今まで経験したことのない貴重な体験でした。

治療法の選択は
生きる道の分岐点
あなたらしさを大切に。

# 手術は「エリーゼのために」とともに

ついに手術当日、なぜか不安より再生出来る喜びが膨らんでいました。これも担当医師の「一緒に頑張りましょう！」という言葉のお陰だと思います。しかし、手術は一緒に頑張るどころか、すべてが予想外の、未知との遭遇でした。

まず、午前十時からの手術のために、若い看護師が、食事ではなく、音楽のジャンルが書かれたメニューを持ってきました。「手術室ではお好きな音楽を流せます。この中から選んでください」。メニューには、Jポップ、洋楽、演歌、クラシック音楽と二十種類ぐらい。でも私はリラックスしたい時はいつも、ハワイアンか沖縄民謡なので、お願いしたところ「さすがにそれは」との返答。そこで、クラシック音楽を選び、緊張もほぐしたくて「これって、最後に聴く曲ってことですよね？」と冗談を言いました。すると若い看護師は焦って「そんなことは、絶対にありません、大大丈です亞門さん！」と涙ながらに訴え、笑いが起きると思って言った冗談が、かえって緊張を呼んでしまいました。

そして、定刻十分前。時間通り、担架が運ばれて来て、私は手術のために移動。私を乗せた担架は勢いよく手術室前へ向かいました。

手術室前で最後の手続きを終え、ついに手術室の扉が開きます。なんと、そこはまるで広々とした真っ白な宇宙船内。センターのベッドに寝かされると、鉄でできたカニの足みたいなものが、私に先端を向け、私という具材をどう調理するか、今か今かと心待ちにしているようでした。

すると待ちに待ったクラシック音楽が。なんとそれは「エリーゼのために」。ベートーベン作曲ではありますが、余りに有名な、ピアノの練習曲。できたらもう少し高尚な曲を最後に聴きたかったと思ったのも束の間、手際の良い看護師たちが、あっという間に私の口と鼻にマスクをして麻酔薬を吸入します。そのお陰で、私はエリーゼとともに、深い眠りの中をさまようことになるのでした。

私が受けたダヴィンチ手術は、VR医療として、最先端のテクノロジーによる手術方法です。カニの足のような何本ものロボットアームが私の腹部に入り執刀します。部屋には私一人。執刀医の志賀淑之先生が、杉本真樹先生の用意したVR解剖図を見ながら遠隔操作で前立腺の摘出手術をするという、奇想天外のものでした。通常ならば内視鏡を見るところですが、VR、しかも8Kで立体視することで、さらに詳細で鮮明に手術個所を施術できるらしいのです。御多分に漏れず、このダヴィンチも、アメリカが戦場で遠隔操作によって兵士の怪我を治療するために作ったロボットでした。

そのせいでしょうか。私は、手術中、宇宙を彷徨う宇宙飛行士になって、まるで、スタンリー・キューブリックの映画『2001年宇宙の旅』に匹敵する美しい宇宙空間を漂いました。

そして、気づくと夢を砕くような現実の声！「亞門さん‼　亞門さん！！！」。事務所の人の声でした。そこは元の病室で、大勢の医師と看護師らが笑顔で迎えてくれました。

私は呆然としつつも、この地球上に戻って来られてよかったと、しみじみ感じた時でした。

そして次の日、夕食の美味しいこと！　米粒が一つ一つ光って見える。窓の外の景色は天国のように美しい。全てがあまりに新鮮に見えました。

それから二週間後、ついに退院した朝、事務所の人が愛犬ビートを病院の入口まで連れてきてくれました。久々に私を見たビートはあまりの驚きに「アウーーン!!」と今まで聞いたことのない大声で遠吠えをしたのです。

突然のがん宣告からの二ヶ月間。ビートも心から心配してくれていたことを知り、やはり宇宙よりも、多くの命の温もりに包まれた地球にもっと居たいと、しみじみ思った手術体験でした。

テクノロジーの極み
ダヴィンチ手術という
宇宙遊泳で知った
地球の愛おしさ。

# 頑張れない時もある

「落ち込むな」「頑張れ」って言われるのって、案外、辛いんです。

元気な時ならまだしも、追い詰められて、どうにもならないと感じている真っ最中はなおさらです。それでなくても辛いのに、「落ち込んではいけない」と言われると、ますます自分を追い込み、まるで自分が頑張れないダメ人間のように思えてしまいます。

そしてついには、頑張っていたつもりだったのに、何を頑張ればいいんだと、一人で抱え込むことにもなって、孤独になる……。

実は「頑張れ」と周囲から叱咤激励されることで、むしろ居場所を失くす人、意外と多いのです。

私が前立腺がんの手術を受けた、二日後ぐらいだったと思います。

私は病室から、二十代の頃からの知り合いで、今は継母になった友人にショートメッセージを送りました。ちょうど同じ時期に、彼女もある病院に入院していたからです。「お互いに入院してしまったね、大丈夫？」と打ちました。すると彼女は「痛い。もう苦しくて寝返りも打てない。背中も全部痛くて、何もできないの」と打ち返してきました。彼女は七年ほど前に子宮がんを患い、五年後に再発。この一年間は抗がん剤治療をしていました。

それまでの私だったら、なんと言って言葉をかけたらいいかわからず、「頑張って」ぐらいのことしか書けなかったと思います。でもその時、自然と「痛い時って、ホント痛いよね」と書いていました。私も彼女と同じがん患者の側にいたからです。

すると彼女から「なんかもう生きていても辛いから、死にたくなる」と本音がこぼれました。私は一瞬戸惑いましたが、あえて「死にたくなるよね」と彼女の気持ちに寄り添いました。これまでだったら「ダメだよ、死ぬことを考えちゃ」と書いていたと思います。

でも今の彼女は叱咤激励されたいのではなく、辛い気持ちを、ただ吐露したいのだろうと感じたのです。

そして翌朝、私はまたメッセージを送りました。「でも、生きてるってステキだよね」。窓の外は雲一つない、澄みきった空でした。すると彼女からは、こう返信がありました。

「わかってるの、わかってるんだ」

後日、お互いに退院してから、私は実家を訪ねました。

彼女の体はすっかり痩せ細り、実年齢よりも一回り歳上に見えました。それでも綺麗にお化粧して、装いに気を配り、明るくしようとしています。前向きな彼女の姿を見て、「エライねえ、化粧をしている」と私が茶化すと、彼女も笑顔で返してくれました。

この時、私はあらためて思ったのです。私自身、苦しい時は叱咤激励されるより、信頼する家族や友人にはただ寄り添って話を聞いてもらうほうが、心はずっと楽になると。

救いは、「頑張れ」「落ち込むな」という言葉から得られるのではなく、苦しさと辛さで満杯になった心の蓋《ふた》が開いた時に、差し伸べられると。

ただ寄り添って
話を聞いてあげて
心はずっと楽になる。

## 大変な時だからしたいこと

人類史上、想像を絶する同時多発テロ事件がニューヨークで起こった二〇〇一年九月十一日。その朝、私はミュージカルの演出の仕事でマンハッタンに滞在していました。雲ひとつない真っ青な爽やかな空を見ながらコーヒーをいれ、これから始まる劇場リハーサルへの期待に胸を膨らませていました。すると、そこへ日本の友人からの電話。「テレビを見てください！」。急いで画面をつけると、旅客機が世界貿易センターに突撃した映像が流れているではありませんか。それでも、私はとにかく早めに劇場へ行かなくてはと部屋を出て、向かっていると、その途中で、二機目が激突して世界貿易センターは瞬《またた》く間に倒壊。瓦礫《がれき》の粉塵が巻き上がり、マンハッタンは戦場と化しました。

それから二日後。私は白煙がまだ覆《おお》い尽くすなか、崩壊した世界貿易センターがある南へと向かいました。何かできることはないかと思ったからです。十四丁目から南は救助関係者以外立ち入り禁止だったので、その手前にあるユニオン・スクエアに到着しました。そこでは家族や友人の行方を探す写真入りのポスターがあちこちに掲げられ、祈りの蠟燭《ろうそく》も灯され、多くの人が亡き人への悲しみに暮れていました。

私が感銘したのは、その横にいるボランティアの人々でした。大きな声で「救助にあたっている救助隊員の皆さんに、どうか手を貸してください！」。そして次々とボードに「今、足りないもの」として飲食物や薬、雑貨品が書き込まれていきました。驚いたのは彼らの明るい声。それは悲嘆ではなく、希望に満ちた声でした。必ず復興してみせる。だから笑顔で、といわんばかりの明るさです。私は両手いっぱいに水や食料品を買って、彼らに渡しました。その時の「サンキュー」の満面の笑顔。現場には高い士気があり、互いを思いやる温かさと笑顔に満ちていました。

一方、これは沖縄のおばあちゃんの話です。私が住んでいた家の近所に、天真爛漫な少女のような笑顔のおばあちゃんがいました。私は彼女が大好きで、よくお茶を飲みに遊びに行っていました。

いつも「元気でよかった」「よく食べるんだよ」「また必ずおいで」と接してくれて、よほど幸せな人生を送ってきたんだろうなと思っていました。でもある日、おばあちゃんの家族のことを知って、私は驚きました。なんと家族全員を戦争で亡くし、一人残った彼女自身も飢餓状態だった過去を持っていたのです。私は尋ねました。「過酷な人生なのに、どうしてそんなに笑顔でいられるの？」。すると「本当に辛いとね、笑顔しか浮かばなくなるんだよ」と言って微笑んだのです。

この二つの経験は、場所は違えど人の気持ちは同じなのだ、と教えてくれました。身を切るほど辛いからこそ、人は笑顔を絶やさない。笑顔は自分自身へのエールであり、相手への思いやりだったのです。

だから、私もがんになっても深刻な顔はせず、笑顔も絶やしませんでした。だって気をつかうのは私ではなく、周りの人たちだから。私は手術後、点滴と尿袋を下げて歩行練習をした時、友人からの見舞品のアニメーション映画『モンスターズ・インク』のサリーのぬいぐるみや風船を歩行器に付けて、医師や看護師さんも楽しく過ごせるように心がけました。

生きていると、誰だって想像しなかったことに遭遇します。その時です、笑顔が活躍できるチャンスは。笑顔は生きるエネルギーの源です。今のような大変な時期こそあなたの笑顔を忘れないでください。

それでも笑顔
自分のために
相手のために。

# 老いても、日々進化

退院して、家に帰り、神棚の母の写真に「ただいま！」と挨拶《あいさつ》して、ベッドでリラックス。ふと、パンツの中を見て驚きました。

うわあ、本当にボッキなし……？

私のあそこ（陰茎）は、魂の抜け殻のようにダラリ。「おい、起きろ」と心のなかで叫んでみるも、うんともすんとも動きません。頭でわかっていても、心が納得していない変化。つい、また神棚の前に座って母に「どうしよう」とつぶやいてしまいました。

小学生の時以来、ずっと付き合い、同志のような存在だったのに。私に男であることを知らしめ、自信を与え続けてくれた同志が、術後は男の象徴などお構いなしで、ダラリと寝そべったまま。そしてあろうことか、みるみる小さくなっていくのです。嘘だろ！　さすがに慌てた私は、のちにこれが全摘除術の合併症であると知ります。金沢大学の調査報告によると、陰茎は平均二センチ縮み、一年ほどしたら元に戻るとか。ホッとしました。

正直、ボッキなしは、場合によっては存在意義の低下や自信喪失になるほど、男の精神面に打撃を与えます。退院してからは、尿漏れ予防にパッドも着けていたので、私は一気に体が老いた気分になりました。

特に前立腺がんの合併症で起きる尿漏れは、女性に最も多いとされる咳やくしゃみ、大笑いした時に起きるそれと同じ。私は稽古中、よく笑います。むしろ笑うことで稽古場の雰囲気を変えます。だから漏れる、漏れる。何度、稽古中にパッドを変えたことか。それに集中するあまり大声を出して、腹部に力が入った時なんかもう……。自分の意思とは関係なくガンガン漏れるので、一人で失笑していたほどです。

すると役者が「何か変ですか」と聞いてきます。私はすぐに「いやいや、変なのは僕だから」といい、休憩にします。急にトイレへ行きたくなる切迫性尿失禁も回数が頻繁《ひんぱん》なので、次第にパッドの交換もさっさと手際良くなり、しまいには、パッドの違いを確かめたくて、薬局のパッド売り場で人の目もはばからず長居するほどになりました。

体は、借り物のような気分で、術後しばらくは、人間としてまだ復活していないように感じました。でも「ちょっと待てよ」とある日考えました。

もし尿漏れが治らなかったとしても、これを習慣化しておけば、老後に役立つはず。どうせ誰もがいつか着けるパッド。早めにマスターしておけば、抵抗感もなくなって後が楽になる。そう、これは私にとって大切な試運転だったのです。

人は誰もが一日一日と、老いていく。みんな体のあちこちが徐々に低下していきます。そのなかで、失った体の部位や機能に執着していたら、今、生きていることが苦しくなるだけです。これは劣化などではなく、日々の新しい変化。それも退化ではなく進化。まさにニューノーマル。神様がくれた贈り物だと思うようになったのです。

これを楽しみとするか、過去と比較して悲しむかは自分次第。ならば、できなくなった体の働きに焦点を当てるのではなく、自分がやりたいことに心を傾けて再出発する。新しい体とともに死ぬまで成長！　人生二度なし。残りの人生、楽しまなきゃ！

できなくなったことを悔やまず
できることを思う
老いは退化ではなく進化。

# がん患者は絶望しても自殺はしない

ある人が突然、私にこう言いました。

「がん患者の方は、絶望的な気持ちになっても自殺はしないですよね？　パンデミックで経済が立ち行かなくなると、自殺者が増加することを欧米では懸念されているので、ふと、何が違うのかなと思い……」

その人は、私が中学生のときに自殺未遂をしたことを知っていて、聞いてきたのでしょう。私の自殺未遂の顚末《てんまつ》は、致死量の睡眠薬を飲んで死の床に就いたのですが、薬局が別の薬を、それもビタミン剤か何かを私に処方したらしく、翌朝、何事もなく、私はいつも以上に元気に目が覚めました。

その頃の私は、心をオープンに打ち明ける友だちもいなく、自分の居場所を見つけられず、苦しい状況から抜け出せず、奈落の底に落ちた気分でいました。しまいには絶望に打ちひしがれ、食欲も気力もなくし、命の源となるエネルギーは停止。機能不全が起きた心身の避難先に死がありました。

しかし、今だからわかるのは、もがいていたその世界はあまりに小さな社会。まるで閉ざされた小さな箱の中にいるようなものでした。その時は、狭い尺度でしか物事を見られず、私の思考は凝《こ》り固まっていたのです。

一方、がんを告知された時、私は死を対岸から見ていました。知り合ったがんサバイバーたちは、死が迫ってくればくるほど、エネルギーを全開にして生きていたからです。

がん患者が絶望的になっても自殺しないのは、おそらく閉ざした箱の中にいないからではないでしょうか。がんはむしろ、箱の中から外に出させてくれます。がんをはじめ、命を脅かす病気はその人を人生の地平線に立たせる。地平線に立つというのは、人生の生と死を地平線のように客観的に眺めていて、太陽が沈む地平線の先の死までを、考えさせてくれる、という意味です。

あの世界の巨匠、黒澤明氏も若い頃自殺を考えたことがある、と言っています。そんな黒澤氏がつくった名画『生きる』の主人公・渡辺勘治も末期の胃がんだと知り、自殺を試みるほど落ち込みます。彼は市役所勤めの退屈な課長でした。しかし、ある気づきから、彼はかつて出したことのないエネルギーを出し、住民から役所に寄せられた困難な案件に立ち向かいます。それは住民のための公園をつくるという、やっかいな利権が絡む案件でしたが、彼はそれを実現させてからこの世を去るのです。

がんを体験したことのある人は、死を見据えることで生きた証を求めるのです。だから、生きることに全力を尽くす。もし、あなたが死を避難先のように感じられる時は、私がそうであったように、それは小さな箱の中の出来事でしかないことを、どうか思い出してください。

死を見据え
生きた証のために
今を生きる。

# 命の勲章をいただいて

前立腺がんを公表した後よく、私は街中で声をかけられました。犬と散歩していると、見知らぬおばちゃんが寄ってきてくれて、「大丈夫ですか?」と、私の股間を覗き込みながら、気遣《きづか》ってくれたり、なかには自分の夫も前立腺がんだけど、なかなか人には言えなかったと打ち明けてくれたり。見知らぬ人から温かい声をかけてもらえることは、やっぱり嬉しいものです。

数え切れないほどのメッセージが私のSNSに届いたのも元気づけられました。治療法を決めかねていた私に、セカンドオピニオンを受けるように勧めてくれる人、具体的な治療法を親切に教えてくれる人、さまざまな思いやりが私の胸に染み入りました。

一方で、公表直後の私の仕事場は空気が一変しました。私への扱いが慎重になったというか。現場に行くと、明らかにいつもより重い雰囲気が漂い、どう私に接したらいいのかわからず、戸惑っている様子が窺《うかが》えました。

普段より丁寧にお辞儀をしてくれたり、私と目を合わせづらくしていたり。このような周囲の変化は、私だけではなく、多くのがん患者が経験されたことがあるのではないでしょうか。

がん患者に対して、周りはどう接したらいいのかがわからない。私はつい最近までそう思っていただけに、気持ちはわかります。だからつい、腫れ物に触れるような感じになり、精一杯の気遣いをする。でも、それがありがたいと思うと同時に、寂しさや戸惑いも感じることを知りました。

例えば「無理はなさらないで」という言葉には過剰反応してしまい、社会の定年に近い六十歳過ぎての疾患だから、このまま業界から外されるんじゃないかという不安がよぎります。まあ、これも考えすぎる悪い癖なのかもしれません。

私ががん体験から得たものは、今まで元気に、色々な人たちに助けられて生きてこられたのだ、という感謝の心です。お陰で、悲しみや苦しみの何百倍もの生きる喜びも知ることができました。これを気づかせてくれたがん体験は、私にとって命の勲章です。

この貴重な勲章を、私はがんサバイバーだけではなく、それぞれの病気に向き合っている人、健康な人、みんなとシェアしていきたいと思っています。生きていると、人はままならない不条理に出会い、悩み、苦しみを負います。

でも、その時に素直な感情や経験を語り合い、お互いに心が響き合うことで、それは健やかな波紋となって、私たちの、生きる力になると思うのです。

素直に経験を語りあい
広げよう
健やかな波紋。

第3章

# 幸せに向かって歩こう

# 今を無駄にしない

生きている。
まだ生きている。
今日も、まだ生きられる。

生前、母がよく口にしていた言葉です。
私の母は慢性的な肝炎がもとで肝硬変を患っていました。元来、健康そのものだった母は、私を産んだ時に輸血した血のせいで肝炎になりました。要するに私が成長するに従って、母は具合が悪くなっていったのです。しかし、母は弱音をほとんど吐かず、いつもお客さんに笑顔を振りまいて、毎日生き生きと店で仕事をしていました。

両親は新橋演舞場前で喫茶店を経営していたのですが、父がカウンターのなか、母は店のフロアで立ち続けていました。母は調子が悪くなると倒れては病院へ運ばれ、持ち直すと、また店で仕事をし、そしてまた倒れ、入退院を繰り返していました。

母が唯一弱音を吐くのは朝、起きた時だけです。自分が肝硬変で命は長くないと医師に言われていたこともあり、朝起きると、手の平に出た赤い斑点を見て、「死なない、まだ死なない」と、消えるはずのない赤い斑点をこすりながら、自分に言いきかせていました。その姿はまるで、シェイクスピアの『マクベス』に出てくるマクベス夫人が夢遊病者になって、自分の手についた血の染みを必死でこすり落とすようで、その姿はとても痛々しかったです。

でも、それ以外、母は辛かったにもかかわらず、弱音を吐かず、倒れても、倒れても這い上がって、絶対に生き続けると、生への執念を貫きました。そんな母に、私は毎日圧倒されっぱなしでした。それもあって、母は感謝という言葉もよく口にしていました。

「今日、生きていることに感謝しましょう」と言って、よく家族三人で手を合わせたものです。特にこれといった宗教を信じていたわけではなく、長くは生きられないと宣告されていた母は、まだ生きている自分自身に感動していたのです。

そんな母の影響でしょう。子供のとき、日常的に耳にしていた「感謝」という言葉は、いつのまにか、歳を重ねた私のなかにも根を下ろしています。今でもメールの文面の最後に、「感謝」と付け加えています。

母は一分一秒でも長く生きたいと願っていました。私も生きている一分一秒は何一つ無駄にしたくないと思っています。この世で見ていないものは何でも見たいし、出会っていない人とは出会いたい。生きていること自体が感謝で、無駄になんかしたくありません。

新しい一日にありがとう。

友人にありがとう。

家族にありがとう。

そして仕事にありがとう。

一日中、感謝しつづけて生きていきたいと思います。

本書をお買い上げいただき、誠にありがとうございました。
質問にお答えいただけたら幸いです。

◎ご購入いただいた本のタイトルをご記入ください。

『　　　　　　　　　　　　　　　　　　　　　　　　』

★著者へのメッセージ、または本書のご感想をお書きください。

●本書をお求めになった動機は？

①著者が好きだから　②タイトルにひかれて　③テーマにひかれて
④カバーにひかれて　⑤帯のコピーにひかれて　⑥新聞で見て
⑦インターネットで知って　⑧売れてるから／話題だから
⑨役に立ちそうだから

| 生年月日 | 西暦　　年　　月　　日（　　歳）男・女 | | | |
|---|---|---|---|---|
| ご職業 | ①学生 | ②教員・研究職 | ③公務員 | ④農林漁業 |
| | ⑤専門・技術職 | ⑥自由業 | ⑦自営業 | ⑧会社役員 |
| | ⑨会社員 | ⑩専業主夫・主婦 | ⑪パート・アルバイト | |
| | ⑫無職 | ⑬その他（　　　　　　　） | | |

このハガキは差出有効期間を過ぎても料金受取人払でお送りいただけます。

ご記入いただきました個人情報については、許可なく他の目的で使用することはありません。ご協力ありがとうございました。

郵 便 は が き

料金受取人払郵便

代々木局承認

6948

差出有効期間
2020年11月9日
まで

1 5 1 8 7 9 0

203

東京都渋谷区千駄ヶ谷 4-9-7

(株) 幻 冬 舎

書籍編集部宛

1518790203

| | |
|---|---|
| ご住所 〒<br>都・道<br>府・県 | |
| | フリガナ<br>お名前 |
| メール | |

インターネットでも回答を受け付けております
http://www.gentosha.co.jp/e/

裏面のご感想を広告等、書籍の PR に使わせていただく場合がございます。

幻冬舎より、著者に関する新しいお知らせ・小社および関連会社、広告主からのご案内を送付することがあります。不要の場合は右の欄にレ印をご記入ください。 不要 □

生きていること自体が感謝
一分一秒、無駄にしないで。

## 「親はこうあるべき」は苦しみのもと

最近、怖いものの一つに、ママチャリがあります。子供を幼稚園や保育園に送るため、チャリン！　チャリン！　とベルを鳴らし「どいて！　私は忙しいの！」と、歩いている人を蹴散らすような暴走ママチャリです。よほど子供の世話が大変なのか、夫が送ってくれないことに苛立っているのか。その必死な目を見ていると、切なささえ覚えてしまいます。つい「家族を持つって大変ですよね」と、声をかけたくなるのは私だけでしょうか。

私の父は、極度の女好きで、本一冊では収まらないほど。浮気、不倫、モラハラ、ＤＶ。さらには中絶、金銭トラブルと問題のオンパレードです。でも、そんな父に対しても、今は心から、素敵な家族で良かったと思っています。

その発端になったのは、一九九九年に沖縄への移住を決めたときのことでした。亡くなった母は私に約一億円の遺産を残し、父にその管理を託していました。私は四月に完成する沖縄の家のために、そろそろ、父から遺産を返してもらおうと、正月、ランチに誘いました。

食後、本題に入るため、父に水を向けました。「ところで沖縄の家も完成するし、そろそろお母さんが私に残してくれたお金、返してくれないかな？」。すると父は、何か昔を思い出すように上を向き、「あれ？　使っちゃったかも」

さすがの私も、この反応には唖然としました。私はこれを頼りに家を建てたからです。しばし沈黙が流れ、ついに「嘘だろ！」と叫びました。すると親父は逆ギレして「こっちだって、色々あったんだよ！」と怒鳴り返してきました。それ以上、親子の会話は進まず二人は別れ、私は事務所に帰り、社長に相談。すると社長は臆することなくこう言うのです。「縁を切るか、金を諦めるかだね」

「縁を切る……？」

金の切れ目が縁の切れ目とも言います。でも、私は父を失いたくありません。だって金のために、世界で一人しかいない父と縁を切るなんて「自分の人生は金だけが大事」と言っているようなものです。

自分が生まれた時の父親と同じ年齢になると、わかることが沢山あります。例えば、私が生まれた時、父親はまだ新しいスタートに馴染めていない時期でした。当時、彼は父（私の祖父）が経営する会社を辞め、母と駆け落ちして、やったことのない喫茶店を必死に経営していました。子供に愛情を向ける時間がないほど大変だったのです。

誰だって怒濤《どとう》の時期は大変です。それに完璧な親なんてどこにもいません。親のダメさに失望している人は、むしろ親とは、赤の他人と思った方が良いのかもしれません。そんな風に客観的に肉親を見てみたら、案外、父の欠点も母の欠点もひとつの個性に見えてきて、和解の方法は、親ではなく、子供から手助けするしかない、と思えてくるものです。

ある親友から「子供の時から両親がいつも喧嘩をしていて、自分への愛情も薄い」と相談を受けました。私は彼に「ならば、あえて他人になったつもりで。君を生んだ時、どんな状況で、どんなことを考えていたか、インタヴュアーにでもなったつもりで、感情抜きで聞いてみたら」と、提案しました。

すると、両親それぞれが驚くほど苦しんでいた時期に彼が生まれたことがわかり、友人も「そりゃ大変だ」と理解したそうです。そして、お互いのために離婚を提案。彼のお陰で二人はめでたく別居して、今ではそれぞれが幸せに暮らしています。

友人や恋人は、気が合わなかったら、別れればいい。でも、血が繋がった家族はそうはいきません。もしかしたら神様は、自分にとって、最も大変な人たちを、人生修行のために、家族としてあてがってくれたのかもしれません。

そう考えると家族は、自分の人生修行のため、親や、子供という役を演じるため、地球に降りてきてくれた、大切な人たちなのかもしれません。

「なぜ親なのに、愛してくれなかったの?」「家族なのにわからないの?」と言っても何の解決にもなりません。辛い時は、ぜひ親を他人と思って冷静にインタヴューしてみてください。親に対する固定観念が変わるかもしれませんよ。

家族は
自分の人生修行のため
現れた恩人。

## 辛い思い出はアップデートして変えよう

私が二十一歳の時、母親は私の下宿で意識を失くしました。残念ながら、私は舞台の初日をひかえ、留守にしていた時でした。母親がその夜、下宿に来たのは泥酔した父親から逃げたかったからだと思っていました。ですから私は、葬式後も憤りを抱え、しばらくわだかまりを持っていたのです。

でも、一年後、モヤモヤした気持ちを晴らすには、自分の気持ちを伝えるしかないと思い、父に切り出しました。

すると、父は「おまえの舞台の初日があったから、母さんは興奮し過ぎて眠れなくなり、薬を飲むのを忘れたんだ」と、母の死はそれが原因だと言い返しました。母のハンドバッグから手つかずの薬袋を見つけたと言うのです。

私は悩みました。母は亡くなる数日前から、父の酒ぐせが悪くなったと嘆いていました。でも、母の死は僕の舞台がきっかけをつくったから？　それとも父の酒癖？

そして数年経って導き出した結論は、どちらでもいい、ということでした。同じ渦中にいても、それぞれが自分本位の視点でその状況を判断するものです。死因をいくら探しても、父と私のどちらが真実かわからないし、結論が出たとしても天に召された母は、喜ばないと思うのです。だからそれ以上このことには触れず、父との関係を続けることにしました。

ほかにもこんな例があります。

私の友人が、子供の時、父親が三人兄弟の前で口にしたひどい言葉がトラウマとなって残ってしまったそうです。成人してから二人の兄弟に確かめると、辛い思い出として憶えていたのは本人だけで、あとの二人はひどい言葉だったことすら忘れていたらしいのです。

人は渦中にいる時は、どうしても、そのときの感情に左右されて主観で物事を見てしまいがち。その時は真実だと思って記憶していても、客観的に振り返った時、別の真実が見えてくることはよくあることです。

思い出は、その時の私の主観がつくる。

だから私は、辛い思い出をそのまま胸の奥でくすぶらせるのではなく、自分が幸せでいるために、別の見方を探し出し、解釈し直していきます。いうなれば、私の中に入っていたデータをアップデートするような感じです。

前向きに、次々とアップデートすると、辛い過去も、実は幸せな思い出になるのです。

例えば私が死にかけたバンコクでの交通事故の体験も、今では、こう再生されます。

――救急搬送先の病院で、三人のタイのおばさんがぺちゃくちゃと、幸せそうにその夜作る夕飯の話をしながら、僕の頭を枕でも縫うようにして針を刺していってね。僕の体なんて一針刺されるたびに驚いて、捕れたての海老のようにベッドから何度も跳ね上がった。あの時は活きが良くて……、ってね。

思い出はその時の
主観がつくっている
辛いことは
前向きに解釈し直そう。

## どんどん変わっていいんじゃない？

私の本名は、宮本亮次。ですが、演出家デビューして、本名も宮本亜門に変えました。父の名は亮祐。父が自分の「亮」に「次」と加えたのには理由がありました。父は母の連れ子である兄姉を思い、私はあくまでも次男だという、父が言うところの気をつかった名前だったのです。そして高校生の時私は初めて、兄弟で私だけが両親が生んだ子供と告げられ、「お前が変えたかったら、いつでも変えなさい」と言われたのです。

さすがにあの時は驚きましたが、そんなこんなで、今では、名前っていくらでも変えていいんじゃない、と思うようになりました。

そして演出家になる時、友人から「その性格じゃ頼りなくて絶対、演出家になれない」と言われたのをきっかけに、名前を変えてみようと、姓名判断の人と、全部シンメトリーの「亜門」という名前に改名。で、後で調べると、アモンは愛を示す言葉が多く、イタリア語ならアモーレ、愛しているという意味に近いし、中国語では亜門がアーメンと祈る言葉になり、太陽のピラミッドでは、悪魔の名前など、なかなかドラマチックな名前でした。

それだけに、名前の威力は強く、出演したコーヒーのコマーシャルの影響もあり、最初のうちは名前が持つ威力に押し潰されそうになり、自分が追いつくのに精一杯でした。

そこで私は自分自身を物語の登場人物として、宮本亜門という役を演じていると思うことにしたのです。宮本亜門という役には、こんな服やメガネがいいだろうなと、舞台で役者に演出するように選んだら、なんとベストドレッサー賞や日本メガネベストドレッサー賞を受賞。もしかすると自分が演出して一番上手くいった役柄は、私自身だったのかもしれません。

それからです、人生が楽しくなったのは。それは賞をいただいたからではなく、役を楽しむと、あれもこれもと想像が膨らみ、自分の子供心がきらめき、以前ほど複雑に考えなくなったからです。

考えすぎで、自信を失くす人は沢山います。私もそうでした。生きている楽しみを忘れ、真面目に向かい合おうと悪戦苦闘する。そんな人こそ、自分は一人の役だ、と思ってみてはいかがですか？　あなたが作る舞台や映画、小説で、あなたという主役を演じるのです。あなたが素敵だなと思える役で、あなたが感動する物語や幸せを、どんどん広げていけばいいのです。

人は、いくらでも変わることができます。

どんどん変わって、なりたい自分になってください。

最近、前立腺がんから復帰して、名前の「亜」を旧字体の「亞」に変えてみました。またどう変わるか？　今からワクワクしています。

人はいくらでも
変わることができる
どんどん変えて
なりたい自分になろう。

# 心の筋肉をつくる

演出家になってから体が利かなくなりました。ダンサーだったころは、毎日トレーニングをしており、柔軟で瞬発力のある筋肉がついていました。それなのに、特に演出家席に座って、じっと集中していると、体を動かさず、目ばかり疲れるので、腰が痛くなったり、肩が凝るようになり、それはそれは大変でした。それで、よくマッサージや鍼に行きました。でも、ジムでトレーニングをしたり、歩く量を増やして筋肉をつけると、あら不思議。自然と肩こりも腰の痛さも治まってしまうんです。

筋肉は大事。筋肉をつけるためには、汗をかき、ちょっと辛かったり、頑張ったりしなくてはなりませんが、それで痛みが消えるなら、素晴らしいことです。

実は、心の筋肉も同じなんです。

誰でも生きていると、予期せぬことが起こるもの。心が痛んだことなんてないという人はいないはずです。

私は高校二年の時、何ヶ月も引きこもって、自殺することばかり考え、トイレとシャワー以外、まっ暗な部屋に閉じこもっていました。世間から見たら、人生の脱落者。失敗した人です。でも、部屋にあった数枚のクラシックやミュージカルのレコードを聴いているうちに、頭のなかで広がる音楽のイメージを視覚化して、いつか誰かに伝えたいと思うようになり、数年後に初めて演出した舞台が人々に喜んでもらえたことで、何とか社会と繋がることができました。

引きこもりの部屋が、新たな創造の源になり、もうおしまいだ、失敗だと思っていたことが、実はバネになって、大きく羽ばたくきっかけを作ってくれたのです。あの孤独と辛さは、今では心の筋肉となって、今でも「ダメになっても、また這い上がれる」と勇気づけてくれます。

苦い経験や過去は、心の筋肉をつくる作業です。

それがあるから、新たな人生を再スタートできる。嫌なことがあったら「これは心の筋肉をつくるためのトレーニング」だと毎日言い聞かせると、体に筋肉がついて鍛えられるのと同じで、だんだんと自信がついていきます。あんな失敗もあった、あんな間違いもあった。でもそれが全て自分を強くするためのプレゼントだとしたら、意外とどんなことも面白く感じてきますよ。

海外で演出をしていると、解釈や意見の相違によって、驚くような混乱も、カオスも生まれます。でも、それを否定的に相手が悪いからだとか、自分が悪かったからだとか考えずに、これも筋肉をつくるためのトレーニングだと思うようにしています。そうすると、心が軽くなるどころか、相手に感謝さえ生まれます。

このトレーニングは、きっと誰にとっても役に立つはずです。

だから、出会う困難や災難にも「なぜだ!?」と思わず、自分が思う通りにコトが進まないからと、キレたり、折れたりせず、しなやかに。心の筋肉のトレーニングを楽しんでください。

どんな困難や災難も
心の筋肉をつくるトレーニング
しなやかに、楽しく生きよう。

# 幸せの波紋が広がる時

仕事柄、私は沢山の素敵な人に出会う機会に恵まれてきましたが、中でも強く印象に残っているのは、あるイギリス人のおじいさんです。彼は親しい友人のおじいさんで、私が二十七歳の頃、ロンドンで知り合いました。

何が私の印象に残っているかというと、その笑顔です。おじいさんはどんな時も、いつもニコニコ幸せそうで、少し不気味なくらい笑顔を絶やさない人でした。でも、そんなおじいさんを素敵だなと思えるようになったのは、地下鉄のチケット売り場での様子を目の当たりにした時でした。

売り場の人がいつも通り、目も見ず、不機嫌そうにチケットを放り投げるように出したのに、おじいさんは「いつもありがとう。感謝しています」と、丁寧にお礼を言ったのです。私だったら「いつも乱暴で失礼だぞ」と言い返してしまいそうなのに、おじいさんは満面の笑顔で会釈。まるで童話の中に出てくる良いおじいさんみたいに……。すると、売り場の人もさすがに驚いたらしく、目を丸くしてポカーンと口を開けたのです。きっと予想外の反応だったのでしょう。

チケット売り場での一件に限らず、おじいさんはいつも、誰がどんな態度を彼に取ろうが、ニコニコと笑顔を絶やしませんでした。まるで、相手のどんな嫌な空気も、笑顔ですべて浄化してしまうかのように……。

実はその笑顔、亡き母にも近いものがありました。私の実家は喫茶店。母はどんなお客さんにも「ありがとうございます！」「今日も頑張って！」「今日もお疲れ様！」と満面の笑顔で送り出します。天真爛漫だった母に、父親は嫉妬したほどです。でも、私の兄は別の反応でした。「お母さんは、どうしてコーヒー一杯しか飲まないお客さんに、いちいち笑顔で声をかけるんだろ」と、むしろそんなことまでしなければならない母親を、かわいそうだと思っていたようです。私はそんな母を誇らしく思っていましたけど。

私たちは、どうしても相手の言動やその場の空気を読んで、自分の言動を調整してしまいがちです。でも、おじいさんや母は、良い意味で調整をしない。その行動の軸は自分自身にあって、周りの空気に軸を置きません。

できるようで、なかなかできないことです。

挨拶をしても、挨拶を返してくれないかもしれない。笑顔を向けても、知らんぷりされるかもしれないと、つい、見えない先のことに気をつかって、挨拶もできなくなる。

でも、きっと誰もが自分のなかにしっかりとした軸を持っていれば、おのずと自分らしい行動ができるはずです。そしてその幸せの波紋は、必ずや、多くの人を幸せにします。

だって母もおじいさんも、本当に沢山の人たちから愛されていましたから。

相手にどう思われるかではなく
自分がどうありたいかが大切
自分の軸を大切に。

# 年齢ってそんなに大事？

年齢を心から意識したことは一回しかありません。それは二十九歳の時です。三十になるまでには演出家にならないと、と、まだ見えない将来への焦りから年齢を意識しました。でもその後は、何度も誕生日パーティーやお祝いをしてもらいましたが、年齢を特段意識したことはありません。そのせいで役所でも何度も年齢を間違えて書き、偽装してしまいました。

それにしても、日本ほど、年齢を聞かれたり、年齢で人を判断されるところはありません。ニュースでなくても、バラエティでもなぜか年齢が入る。アメリカで公然と年齢を聞いたら「失礼な人」と軽蔑さえされるのに。

だいたい、年齢ってそれほど大事なことなのでしょうか？　なかには、若いのに老け込んで生気がない人もいれば、だいぶ高齢なのに目がキラキラして、若々しい人もいます。

そういえば、昔、九十近い元気なおばさまがこんなことを言っていました。

「二十代の頃なんて、歳を取るぐらいなら、死んだ方がましだと思っていたわ」

私はあえて聞きました。「じゃ、どうして今も生きているんです?」。すると、彼女は大笑いしてこう答えました。

「生きてみたら、面白すぎて、歳なんて忘れちゃったのよ」

そのおばさまの笑顔をみて、年齢を意識しないことの素晴らしさを知りました。

また反対に、三島由紀夫のように、老いることを否定した人もいます。ホントに歳の重ね方は人それぞれ。アンチエイジングのために化粧品を買い込む人もいれば、「一切、手入れはしない」と頑《かたく》なにクリームも塗らない人もいるのですから。

でも、幾つになっても、恋愛する気持ちだけは、忘れたくないものです。ある百歳を過ぎたおばあちゃんは、どうしても十代の若い介護士が来ると、顔を真っ赤にして、体を洗う時は、胸を隠すそうです。それを素敵と思うか、今更どうしてと思うかはあなた次第。

私の好きな戯曲『ハロルドとモード』には、そんな恋愛が描かれています。十九歳の人見知りのちょっと変わった少年ハロルドは、七十九歳の笑顔が似合う老婦人モードに魅せられます。誰とでも肩書や職業に関係なく話すモードを見て、ハロルドは質問します。「どうやったら、そんなに他人と上手く関われるの？」。するとモードは「同じ、人間だから」と微笑んで答えるのです。

人は、どう逆らっても、皮膚は衰え、最期が訪れます。だからこそ、小さなことにくよくよせず、今を存分に生きて、自然体で変わっていく自分を楽しみませんか。

カウントダウンを気にするあまり、終活をどうしようかと悩むより、まだできることに意識を向ける。それこそが、いつまでも若々しくいられる秘訣だと思うのです。九十四歳になった親父も時々「生きてることが迷惑にならないか心配だよ」と弱気になります。だから私は、大声で言い返します。

「迷惑かけて結構！　困らせて結構！　弱気になって死ぬより、よっぽどカッコイイよ！」

人生を謳歌するのに
年齢や性別は関係ない
カウントダウンを考えるより
よっぽど素敵だ。

# 愛することの本質

私の祖父は八歳年上の女性と結婚して、二十五歳年下の内縁の妻がいました。また、父は十二歳年上の私の母と結婚して、二十五歳年下の女性と再婚しました。我が家系の男性陣は、人一倍恋愛好き、と言うか寂しがり屋。誰かといないといたたまれないのです。

実を言うと、私もその血を受け継いでいる一人。それだけに、同じ人と長く住んだことがない、というのが私の長年のコンプレックスでした。あれは十五年前、やっと三年続いた相手に電話で別れを切り出された時は、受話器を置いても涙が止まらず、お手洗いに行っても、泣きながら用を足しました。その時、目からも下からも大量の水分が放出されているのを見て、状況は悲劇的なのに、これはコメディだと思い、何とか別れを承諾することができたのです。

また、四十歳を過ぎたとき、ある人を、それも恋人がいる人を好きになりました。案の定、相手には断られ、七転八倒をして苦しみを味わいました。英語で人を好きになってドキドキした時のことを、I have butterflies in my stomach. と言います。

和訳すると「胃の中に蝶々がいる」。そんなはずないだろうと思っていたら、その人のことを思うと、まさに胃のあたりがパタパタと痙攣《けいれん》するのです。ミーティング中も、稽古場や電車の中でも。胃の中の蝶々が「ここから出してくれ」と必死に羽ばたいているように。お陰で私は何にも集中できなくなり、それは大変でした。落ち着こうとノートに気持ちを綴ると、「好きだ」と書き続けるばかり。しまいには壁に頭をぶつけ続けて、もう廃人です。

それからボロボロになって身動きも出来なくなった頃、私は愛についての本を読んだり、普段見ない恋愛映画を見たり。本当の愛とは何なのかを探りました。

そこで学んだ結論は、もしその人のことが本当に好きなら「その人が一番幸せになることを喜ぶべき」ということでした。

その相手が求める人がたとえ自分でなくても、その人が良いと思う人を自分も受け入れるべきだと。いくら私が勝手にその人のために「自分の方が良いはず」と思い、口を挟んでも、ただの身勝手な押し売りにすぎないのです。

真実の愛は、共にいることで、お互いが成長すること。お互いが自由でいられ、強制や拘束はしないこと。そして何よりも、お互いが幸せだと思える状況にいることなのです。それが一方向だった場合、本当の愛ではなく、かたよった関係になってしまうからです。どちらかが、自分をなくすのではなく、お互いがありのままを見せて、自分の本質のまま、相手と関係性を築いていく。それが、本当の幸せだと思いました。だからまず、相手に拒絶されたらと心配しないで、ありのままを見せる。それからもし相手が、違う人を好きになっても、それを受け入れなくてはなりません。だって相手が、自分自身のための幸せを摑《つか》もうとしているのですから。

「人は生まれた時も、死ぬ時も一人ぼっち。この広い地球で、せっかく出会った人なのだから、付き合う、付き合わないではなく、相手のことを大切にしよう」と、私もやっと思うようになったのです。

おかげで、その人とおつき合いしてもう十五年。大切なのはお互いが本当に幸せかどうか、それだけです。でも、このシンプルすぎることが意外と難しい。

もしお互いが一緒にいてどうしても幸せになれないなら、無理をせず、別れてもいいと思っています。その時は憎むどころか、最大の祝福を送りながら。

真実の愛は
お互いが成長し
お互いが幸せになるため。

# 無条件の愛

無条件の愛、そんな神様のような愛ってあるのかな？　そう思っていました。

多くの人は相手に条件を求めます。「優しい人」「もっと素敵な人」「自分のことがわかってくれる人」

また、そんな気持ちを持って付き合うと、今度は「こんなに思ってあげたんだから」「こんなに尽くしたのだから」と、見返りの条件も求めてしまい、自分の条件の中に相手を押し込めてしまいます。でも、それが思うようにいかないと、今度はその不満を相手から、友人へ、会社へ、社会へと標的を変え、ついには「世の中、間違っている！」と叫ばせてしまうのです。

人間って、ほんと、身勝手な生き物ですね。でも私は「無条件の愛」がこの世に存在することを知りました。それは、犬から。

今、飼っている保護犬の名はビート、二代目です。一代目ビートも沖縄に捨てられていた子犬でした。誰も立ち寄らない深い林の中で、カゴに入れられ、鳴かないようにと口に針金を何重にも巻かれ、逃げられないようにカゴの上に大きな石が乗っけられていました。偶然、映画『ＢＥＡＴ』の撮影班が林の中の彼を見つけ出し、監督だった私が飼うことになったのです。

その時の一代目ビートは、虐待で叩かれた傷もあり、臆病でいつも怯えていました。でも話しかけると、上目遣いでジッと、こちらの言っていることを理解しようとする、優しい子でした。

そして三年経ったある日、私が沖の海で、一人上向きで太陽を浴び、海面に浮いていた時です。船が通り、波が立ち、泳ぎができないため浜にいるビートから、私が見えなくなったその時、なんとビートは全力で私を助けるため、沖にいる私の所まで泳いで来たのです。それも、自分の命を顧みず、初めての必死の犬かきで。

浮いていた私は、水かきの音が近づくのに気づき起き上がりました。すると、そこに溺《おぼ》れそうになりながら、必死に泳ぐビートがいました。私は驚き「ビート！」と両手を差しのべました。すると、ビートは私が安全だと知ったのか、急に方向転換して、必死に浜へと泳いで戻って行くのです。

私は目に涙が滲みました。いや、海水じゃありません、正真正銘の、私を救おうとしたビートの愛を感じての涙でした。

十歳になった頃、ビートは持病で死に、私は「同じ魂の犬と出会わせてください」と祈り続け、今は保護犬の二代目ビートを飼っています。彼も先代と同じで泳ぎが苦手。なのに先日、また波間に消えた私を心配し、先代と同じように助けに来てくれました。時を超えてビートの魂は、無条件の愛を私に注いでくれたのです。

もし、この話を読んで、少しでも信じていただけるなら、そんな時空を超えた愛が詰まった犬たちの映画『僕のワンダフル・ライフ』と続編『僕のワンダフル・ジャーニー』はお薦めです。

相手を守るために、無条件に行動する。これは、生き物が持つ、根源的な愛情なのです。人間だって持っています。親犬が子犬に愛を伝えるため何度も舐めるように。人間の親も赤ちゃんを何度も強く抱きしめて、頬ずりします。こうして愛犬ビートは私が忘れかけていた、無償の愛を思い出させてくれたのです。

でも恥ずかしいことに、私はまだ、あらゆる人に無条件の愛を振りまくことが出来ません。きっと、あまりに余計なものを多く背負いすぎたからです。世間体、体裁、常識、間違った認識などなど。でも、これからはビートを見習って、少しでも無条件の愛に近づきたいと思っています。

あなたの人生で大切な人がいたら、見返りを求めず、まずは相手への条件を外し、犬のように相手を愛してみてください。もしかしたら相手の人も、犬が尻尾を大きく振るように、正直に喜んでくれるかもしれませんよ。

無条件の愛
それは根源の魂を
感じるチャンス。

# 人の道を追いかけない

私は子供の頃、ヒーローが出てくる本を読むのが好きでした。しかし、大人になるにつれ「そんな、完璧なヒーローはこの世にいない」と知るようになりました。とともに偉人と言われる人は、皆、苦労してそう見えるようになっただけだ、と考えるようにもなりました。

それからは私は、少しでも心のメンターとなる芸術家から思想家、それに起業家や政治家など、沢山の苦労をして成功した人たちが、私の心の支えになりました。そして驚くことに、その誰もが、見事な反逆者でもあったのです。

まずは、レオナルド・ダ・ヴィンチ。彼はキリスト教を信じていない者は人にあらずという時代にありながら、頑固にキリスト教を信じず、独学で絵画を学びました。あらゆることに疑問を投げかけた結果、ジャンルを超え、多くの発明をしたイノベーターです。

またヴォルフガング・アマデウス・モーツァルトは、神童と呼ばれる程の素晴らしい音楽を作る一方で、下品なこととおふざけが大好き。オペラ『魔笛』を作った時には、入会していたフリーメイソンの掟である女人禁制に抗議して女性と男性の両者でつくる愛こそ崇高で尊く、世界を救うのだと『魔笛』に入れ込みました。そしてその直後、彼は謎の死をとげます。

そして日本人では、私が愛してやまない偏屈じじい、葛飾北斎。大変な変わり者で部屋は片付けず、引っ越しを九十三回もして画号も三十回変えました。好き嫌いも激しく、どんな将軍が来ようと、気に食わない奴には絶対会わない頑固者《がんこもの》。それだけに、誰もが想像し得ないオリジナルの表現を次々としていきます。

また、日米の血を持つ、イサム・ノグチ氏は、作りたい作品のためには行政と平気で喧嘩をしますし、恋人と言い合いになると、描いた絵を大勢が見守るニューヨークの交差点で投げ出し、「好きなものを勝手に持ってけ！」と怒鳴っていたそうです。

彼らは皆、天才と世界でいわれる人たち。でも、ひと皮剝《む》けば、見事な変人です。変人こそ偉人だ、と言っているのではありません。それほど、彼らは、人の道を追いかけず、自分のやり方で、オリジナルな作品を作るために全身全霊をかけたのです。彼らはそのために、社会の常識に反発し、戦い、ときには軽々と世の中の先入観を飛び超えてきたのです。

そんな、素晴らしき変人の中でも特に刺激を受けたのが、漫画家、水木しげるさんです。常に独創的で、人間の弱さや愚かさにも視点を当てる多彩な作品から、私は何度、勇気をもらったことか。特にこの言葉は若い私をしびれさせました。

「変人には、好奇心の魂のような、わが道を狂信的なまでに追求している人が多い。つまり、誰がなんと言おうと、強い気持ちで、わがままに自分の楽しみを追い求めているのです。だから幸せなのです。さあ、あなたも、奇人変人になりましょう」

いつの時代も、はみ出し者や反逆者がそうであるように、人と違った発想を持ち続ける人が、時代を変えていくイノベーターであり、後に天才と呼ばれるようになるのです。

イノベーターはみんな反逆者
奇人、変人と
言われることを恐れるな。

## サービスはいらない

「小劇場でクラスター発生！　観客にも感染」。このニュースは、演劇関係者を震え上がらせました。そのことである方がテレビでこんなコメントをしていました。「日本では、お客様は神様ですから、お客様が出演者に会いたいと言ったら断るわけにはいかないのです」と。

あれ？　この言葉に私は違和感を覚えました。

三波春夫さんの「お客様は神様です」の真意が、間違ってとらえられ、上下関係になっているのです。でも、この言葉が出てきてから、時代とともに「あなたは仕事をする人」「私はサービスを受ける人」という、個人の名前より、職業が中心の人間関係に変わっているのも、事実だと感じました。

実際、劇場でもサービスが過剰になっています。アイドルグループだけではなく、握手会やファンミーティング、舞台の外でも頑張って頭を下げる人も多くなりました。ある演劇プロデューサーは「リピーターだけがお金を落とす」と公言してはばかりません。ダブル、トリプルキャストと、背に腹は代えられないとばかりに、稽古する時間がなくても、リピーターを増やすサービスに心血を注ぎます。お陰でお客さんもエスカレートして、コロナ禍でも握手を求めてしまうのではないでしょうか。

本来、お客さんは「最高の時間を過ごしたい」と思ってチケットを買ってくれます。また出演者も「最高の演技を見せたい」と思っています。「最高の時を」という思いはみんな一緒なはずなのです。だからこそ役者もスタッフもお客さんに「どう思われるか」より「最高の時間にするぞ!」と、お客さんと対等にその時間を楽しめば良いのです。

きっと、お客さんだって、「サービス」という名のもと、王様のように祭り上げられるより、友達のように扱ってもらいたいのでは、思うのですが。

ある一流のホテルマンがこんなことを言っていました。「私は、お客様のためだと思ったら、断ります。ホスピタリティーとは、同じ人間だからこそ、その状況において、マニュアルとは違う最善の対応をすることです。誰に対しても同じなら、単なるサービスで、ロボットでもできるでしょう」。つまり、彼は真のおもてなしとは、サービスではなく、ホスピタリティーだと言うのです。

「サービス」はホテル側に主語があって、一律同じサービスをする。でも、ホスピタリティーは、十人十色、お客様の立場に立って考える。だから、お客様のことを考えるからこそ、やめた方がいいと思ったら断るし、助言もする。私は、これこそ、人と人との人間性に満ちた、あるべき関係だなと思って、聞いていました。

これはサービス業だけにとどまらず、政界や企業、芸術家にも当てはまることなのです。決して縦社会にならず、忖度《そんたく》などせず、真意から相手を思うからこそ、意見を対等に言えるようにできる。それが人を、心から思うことだと思うのです。

これからの未来ある人たちが、従来の縦社会で縛られ、苦しまないためにも。

私たちは、マニュアルじゃない、人間らしい関係を築いていくべきなのです。

マニュアルじゃない
十人十色の
もてなしを。

# 何もしない幸せ

誰でも、疲れ切ってしまった心と身体では、考えがまとまらず、どうしてもイライラするものです。心穏やかにいたいと努力しても、ちょっとしたことで、感情が上下してしまう。

ミカンの中央の実のところが「心」で、周りについている皮が「感情」だとすると、あちこちにぶつかって、傷ついたりするのは、皮である「感情」の部分。それが、実である「心」に影響して、ミカンそのものが腐ったり、朽ちたりするのです。だから、心を穏やかにするには、繊細《せんさい》な皮の部分である感情を、自分でどうコントロールしてあげるかにかかっています。

そんな感情を落ち着かせる、最強の手段があります。

それはお休み。

日々、切磋琢磨して頑張っている自分に、ブレーキをかけ、思い切って自分にご褒美《ほうび》をあげてください。お休みは怠けているのではありません。心の平安を取り戻すための時間なのです。

人の最終的な幸せは、穏やかな心による思考。だから、お休みをとって理性的な判断ができるようにします。言い換えれば、心が健康じゃない自分への、大切な積み立てなのです。

イタリアに「何もしない幸せ」という名言があります。けじめをつけて、休む時は、徹底的に休む。何もしない時にこそ、本来の幸せが感じられる。そんな思いが伝わる言葉です。

特に旅に行くと、その人の休み方で、何を大切にしているかがわかります。

旅先で、ネットや観光ガイドでカフェ、レストランを検索し続け、頭が休めない休暇を過ごすのか。はたまた、夏ならホテルのプールサイドや浜辺、秋なら湖や高原でののんびりすぎるほどのんびりして、景色を見たり読書をしたりして過ごすのか。

あなたはどちらが好きですか？

私は後者。一人で海に浮かんで、何もしないのが最高の休暇です。波の穏やかなところを探して、波の揺れに全身を任せる。まるで宇宙か、母親の羊水に浮いているかのように。するとニ十分ぐらい過ぎたころから、チャージが完了して、とてつもなく幸せな気分になってくるのです。そして起き上がって周りを見渡すと、今まで見てた浜辺や町並みの景色が輝いて見えるのです。

人は、自分が見たいように見て、感じたいように感じます。それを仕切るのは、あなたの五感と六感。だから、もしあなたが心穏やかになりたいのなら、あなたがそう感じられそうな場所に行き、集中して休めば、あなたが欲しい、平穏な幸せを手に入れられるのです。

初めは多分「仕事の予定を、こなさなくては」と思ったり、なかなか集中できないでしょう。でもそのうち、段々と「予定は未定、決定じゃないよ」と心に風が吹いて、先のことを心配するのがバカバカしくなってくるでしょう。

大変で、感情の紐《ひも》がこんがらがっている時。必死になればなるほど、紐はもっと強く絡まって、自分を締め付けます。だから、深呼吸をして、何もない時間を作り、平穏な自分に戻すのです。そうすれば紐はゆるんで、いつの間にか解けていくはずです。

お休みは、あなたにとっての、大切な積み立て。

できれば二泊でなく、最低三泊以上の、のんびり旅をお薦めします。やることがなくなってきた時間こそが、最高のチャージタイムになるのですから。

お休みは、停滞じゃない
人生を最高のものにするための
心の積み立て。

# 忘れたくない眼差し

私は昔から、どうしてもホームレスの人たちと交流したくなる時があります。見て見ぬ振りができないと言うか、その人の人生が気になって仕方がないのです。

アメリカの地下鉄でよく見るのは、プラカードを持って、自分の生い立ちや、辛い現状を講演するように訴えるホームレス。中には、歌やダンスを披露して、上手くないのに、乗客を楽しませて、自分の気持ちを伝える人もいます。

また、ヨーロッパでは、まるで修行僧のように座禅を組んで、目を閉じて瞑想していると思いきや、お金を置くと、目をパッチリ開け微笑むホームレス。

そんなホームレスへの興味が功を奏してか、数年前、ニューヨークでホームレスをしていた境セイキさんに、半日体験させてもらいました。

境さんは、ニューヨークにアパレル商社を設立し社長になるも、急転直下の破綻で廃業。家の解約で六年間ホームレスになった人です。でも、境さんの笑顔は私にとって、まるでニューヨークに吹く一陣の清風のようでした。ネパールの山で「ナマステ」と言って合掌し、挨拶してくれた人たちの笑顔や、チベットで五体投地をし、全身泥まみれになっても笑顔を絶やさない女性たちの笑顔と、同じ何かがあったのです。

境さんは、午前中、空き缶を集めた巨大な袋をいくつも運び、小銭に変えます。そして買った缶ビールを一つ持ち、彼にとって、もっとも幸せな場所に、日が沈むまで居るのです。そこは、ダウンタウンの人通りも少ない通りの角。そこには、狭いけれど高い段差があり、そこに座ると人々の動きが一望できるのです。境さんの解説を聞きながら同じ視線で街を見ていると、まるで違う現実が見えてくるのです。

「そろそろ、あのビルの出入り口から、疲れ切った会社員たちが出てきますよ」「ほら、鳥が集まってきた。もうすぐおばさんが食べ残りのライスを撒きますよ」「レストランに明かりが灯った。調理する香りがします」「そろそろあの店の看板犬の散歩が始まります。

でも飼い主は、隣の店の人と長い立ち話。あの犬はいつも、じっと我慢して待っているんです」

ニューヨークの慌ただしい街が、境さんのコメントで、人間味あふれる短編小説に見えてきます。まるで映画『スモーク』の原作、ポール・オースターがニューヨーク・タイムズに書いた短編のように。サーファーが遠くの海から陸を眺めるように。いつもの見慣れた街を、境さんは全く違う視点で見ていたのです。

ホームレスの人たちは、皆、私たちと何ら変わらない、愛おしい人間たちで、好んでホームレスになっているわけではありません。人生のある時に、突然不幸が重なり、あっと言う間に家を失くしてしまったのです。それは私たちにも起こり得ます。

特にコロナ禍では、職や家を失くす人も増え、ステイホームが安全だと言われても家がなく、家がないから政府の援助も受けられず、希望を失う人が増えています。

ぜひ、これを機に、私も創刊当初から応援させてもらっている、ホームレスたちの自立を助ける雑誌『ビッグイシュー』を買っていただけませんか？　内容も充実していますし、路上販売者の、声もしっかり載っています。また、もしよかったら、これを機にぜひ、ホームレスの方々に声をかけてください。

同じ時代に生きる、同じ地球の住人として。あなたの心に何か触れるものがあるかもしれませんよ。

ホームレスは
誰もが、起こり得る
私たちの鏡。

# あれもこれも、神

「どの神をあなたは信じますか？」。よく海外で、それも一神教を信じる国で、聞かれる質問です。

私は全ての神を信じます。一神教が悪いとは言いませんが、もし他の宗教を否定するなら、私はその神様を信じません。

と言うのも、元々、世界は多神教であったのだと、アフリカに行った時にしみじみ思ったからです。あれは、テレビ番組『世界ウルルン滞在記』の収録で人類発祥の地と言われるケニアの奥地、ニケボトク族の村に行ったときのことでした。

飛行機と車で何十時間もかけて辿《たど》り着くと、ちょうど雨が降ってきたのです。現地は、雨が降らなくて飢餓状態になっていた時期だっただけに、私が訪れた小さな村の住民たちは、雨の中、大興奮で私を迎えてくれました。

「神が来た！」「森の神が来た！」となぜか私が雨をもたらしたと思い、棒を地面に叩きつけながら、高くジャンプして踊るのです。私は村人たちの余りの興奮ぶりに、喜ぶどころか恐れをなし「すみません！　私は神ではありません」と何度も言って踊りを中断させました。しかし、村長は「あなたは神だ。だってここは神に包まれているのだから」と言いました。

その人類発祥の地は、古代からアミニズム信仰が受け継がれていたのです。「あなたの名前はアモン。この地でアモーニは森の神の名前だ。それにここでは、この土も空も木も動物もみんな神様だ」

私は昔から、日本の神道の八百万《やおよろず》の精神が大好きでした。それと同じように、ここも、多くの神々に生かされていると、信じられていたのです。日本では、山、海、森や木などの自然界に神様が宿ると信じ、自然を拝み、常に共に生きてきました。山や川、畑や田んぼ、台所から米粒ひとつの中にも神様がいる、と信じられてきたのです。

それに、日本の神様に完全無欠なヒーローは登場しません。日本最古の歴史書、『古事記』を読むと、一癖も二癖もある欠点だらけの、人間臭い神様だらけ。でも彼らは共に力を合わせ、自然界や人々を守ってきたのです。だから、日本では、他と比較して違うからと排除したり、ただ無責任に批判したりしませんでした。むしろお互いを受け入れて、足りない所を補って共に歩んできた。それが日本における神の道なのです。

だから縄文時代には、所有という概念がありませんでした。ところが弥生時代に農耕が発達すると共に、保有から資産が形成され、そして財産から中央集権へと変化しました。もちろん、いまさら古代に戻そう、と言うのではありません。でも、今一度、この混沌とした時だけに、八百万の精神を、思い出してほしいのです。

もしかしたら現代に、その精神が受け継がれ、ついには、自律分散システムやブロックチェーン、それにビットコインなどで、個人の万能性が光り、全てに神が宿ることと同じように、共生の和が生まれるかもしれないからです。

そして、世界は、グラデーションで光り輝き、不確実性こそ、面白いと言える時代が訪れる。そう考えると、未来も明るくみえてきませんか？

時間がある時に、ぜひ一人で、ゆっくり鏡で、自身の顔を見てください。シミとかニキビは気にしないで、ゆっくり、世界に一人しかいないあなたを見てほしいのです。

世界中に同じ顔がないように、全てに違う魅力と力がある。

私たちみんなが、八百万の神々の一部なのですから。

互いの違いを受け入れて
足りないものを補い合う
それが八百万の精神。

# 気が晴れない時、ハッピーになるコツ

どうにもトラブルが多くて気が晴れない。

このままいくと不安が増しそうで、なんかイヤーな気分の時、ありませんか……。

そんな時、私は応急処置として、巨大な声を出します。

「元気、元気！」「楽しむぞ！」「行くぞ!!」

意味不明で、適当な元気づけに聞こえるかもしれませんが、実は意外と効果絶大なんです。周りが口を開けて呆《あき》れても、大丈夫。だって、自分が一番呆れているんですから。バカバカしいですよね。でも陰鬱《いんうつ》とした空気はこれで一変！　辺りの気があっという間に変わるのです。まさにお清めのお祓いなのです。

それでもダメな時は、なんども手を大きく打って、「最高!!」と大きな声で笑ってみましょう。そして「おもしろーい！」と叫ぶのです。本当は面白くもなんともありませんが、それでも「最高！」「おもしろーい！」と、七福神にでもなったつもりで、満面の笑顔で繰り返していると、だんだんと気分が晴れて、嬉しくなってきます。

役者を志す人には、案外恥ずかしがり屋も多く、周りを気にします。時には役になりきることさえ怖がる人もいるほど。「この役をやったらどう人に見られるのか」「どう判断されるのか」。でも当然そんなことに惑わされていては到底、本物の役者にはなれません。もしそれでも有名な役者になっている人がいたら、その人は役を演じているのではなく、ファンにどう愛されるかだけを気にしているナルシストです。

あなたという役も同じです。あなたがあなた自身を演出して、人生という舞台を演じるのです。最高の自分になりたいなら、本気で役になりきって、思いっきり、楽しんで、周囲も笑顔にしてみてはどうでしょう。

こんなくだらなそうなことが、実はリセット効果抜群の応急処置になるのです。ぜひお試しください。

まさかとは思いますが、街中や満員電車の中で突然やると、顰蹙《ひんしゅく》を買って、逆効果になるので、お気をつけを……。

場所は鏡の前、バスルーム、トイレや部屋でもいいのですが、効き目が絶大なのは、公園とか、山や海岸などの自然のなかです。

雲や、無数の星たちに向かって、精一杯「鬼は外！」の気分で「楽しむぞ！」「最高！」と、叫んでみてください。あなたの悶々とした気分は晴れ、心に明るい光が差し込んできますよ。

「元気！」「最高！」と叫べば
リセットされて
気分はハッピーに。

# 第4章

# 演劇は人生の意味を教えてくれる

## 「生きる」とは

私が演出するミュージカル『生きる』は二〇一八年に初演し、今回（二〇二〇年）が再演になります。舞台は生もの。時代が変わると、受け取り方も変わります。同じ作品でも、その時の社会情勢によって作る側もお客さまの感じ方も変わり、新たな作品に生まれ変わるのです。特に今回のコロナ禍での上演は、多くの人が普段より、生と死について、心のどこかで感じておられるのではないでしょうか。

それだけに、ひとりの男の余命を扱う『生きる』を観ると、がんの話というよりも、今の状況と重ねて、観る人の心にストレートに響くのではないかと思います。

また私自身、がんサバイバーになったいま、再演にあたっての思いは初演時とは違ったものがあります。作品中、主人公の渡辺勘治はがん宣告を受けますが、この再演では、悲劇的な面以上に、彼の最期のときまでに残された時間が、どれほど美しく素晴らしいものだったかを強く表現したいと思っています。

『生きる』の内容を簡単に説明すると、

一幕。役場でただハンコを押すだけの、無気力で死人も同然な課長、渡辺勘治は、町民の「公園を作ってほしい」という嘆願にも、全く興味を示しません。

しかし渡辺はその後、体調不良を感じて受診した病院で、胃がんだと宣告され、余命数ヶ月と知ります。混乱し自殺さえ考え、睡眠薬を持って飲み屋に行った渡辺は、そこで出会った小説家と、酒を飲み、女と遊び、不安をごまかそうとします。ところが翌日、部下だった事務員の女性の一言で、自分にも他者のためにできることがあると知るのです。

二幕。勘治は町民が求めていた公園を作る決意をします。しかし、そこから始まるのは今まで経験したことのない悪戦苦闘。しかし、彼は今までにない生命力と信念で行動し始めます。そして最後に、彼は見事、公園を作り終え、人生を終えるのです。

つまり、この物語は、死人も同然の男が、突然、がんの宣告を受け、初めて本当の意味で生きることを知る物語なのです。またそこには、ベースとなった映画の原作者であり監督である黒澤明氏ならではの教訓もふんだんに含まれています。

利己的より利他的。体制より反体制。また、忖度より自律を。黒澤氏の、反権力的でヒューマニズム的な「人は皆、幸せに生きるべきだ」という思いが込められた作品なのです。それだけに、今考えるべきテーマが、『生きる』には沢山詰まっているのです。

特に私が好きなのは最後の場面。完成した公園で、渡辺勘治が中山晋平の名曲「命短かし、恋せよ乙女」と歌うところです。この歌は、彼が先に亡くなった妻に対して「この現生で、本気で生きたことの幸せ」を報告し「すぐに、そばへ行くよ」と、妻への愛を伝えるものです。この作品は、幸せとは、自分の役割を知り、それを全うすることなのだ、と教えてくれるのです。

突然のがん宣告から、苦しみながらも正直に自分を見つめ、生きる意味を模索した、鹿賀丈史さんと市村正親さんが演じる、渡辺勘治。彼は、私たちに今、大切なヒントを授けてくれるのです。

自分の役割を知り
それを全うする
それこそが、生きる幸せ。

## フリをしたお陰で

演出家の仕事がまだできているのは、こうなりたいと自分に言い聞かせてきた「フリ」のお陰だと思っています。

演出家への憧れを抱くようになったのは、高校三年生の時でした。

付属大学の演劇専攻が上演した『オリバー』というミュージカルを観て、ミュージカルへの情熱に火が点き、私は高校の演劇部に途中入部。その年の文化祭でキリストをテーマにした『ゴッド・スペル』というロック・ミュージカルの主演、振付をしました。舞台は評判を呼び、高校生とは思えない舞台だと『キネマ旬報』の記事でも褒《ほ》められ、気づくと、私は学校中で話題に。

その興奮が忘れられず、演出家を目指すようになり、付属大学の演劇専攻に進んだものの、対人恐怖症ぎみだったので、世間の荒波に揉まれて中退。ダンサー、振付師の仕事をしたものの、順風満帆なはずもなく、演出家への夢は遠のき、自らを否定する日々を送っていました。というのも、当時の私は自分に全く自信がなく、本当に演出家になれるのか、心の奥で疑心暗鬼になっていたのです。

私は小学校から高校までのあいだ、ずっと集団の中にいるのが嫌いでした。適当に人に合わせることもできず、学校で自分の存在を消して、高校二年の時に登校拒否をしはじめ、ついに一年弱、自宅に引きこもりました。

でもこの、苦しかった引きこもりが大切なブレーキになったのです。まさにこれが、いよいよ始まる人生の大きな転機となりました。引きこもりながら、徐々にですが、自分が興味あることに集中していきます。レコードを何十回も繰り返して聞き、踊ったり、動きを考えたり。

当時、私は尊敬する二人の演出家を手本にしていました。一人目はマイケル・ベネット。彼はブロードウェイ・ミュージカル『コーラスライン』『ドリームガールズ』を創りました。そしてもう一人はボブ・フォッシー。『シカゴ』や映画『オール・ザッツ・ジャズ』を監督した鬼才です。二人とも、ダンサーからスタートして、振付も、演出もできる、まさにミュージカルの申し子なのです。

私は二人のようになりたいと、ダンスや振付を学び、アルバイトで貯めたお金で本場ニューヨークやロンドンに滞在し、あらゆる舞台を見て勉強しました。そして、ただひたすら「彼らと同じになる」と自分にも、周囲にも宣言して、「フリだけでもしていれば、いつか実際になれるはずだ」と自分に言いきかせてきたのです。

そして、演出家デビューが二十九歳。演出家としての実績のない私を誰も起用することはなく、バイトで貯めたお金で、会場を借りて、処女作『アイ・ガット・マーマン』を上演しました。

今、振り返ると、「演出家になる」と自分に言い聞かせ続けていたら、いつのまにか演出家っぽくなっていったという感じです。

私はその後も時々、対人恐怖症で怯えそうになりました。でもそのたびに自分に言い聞かせるのです。「大丈夫、これは本来の、なりたい私ではない、これは単なるクセだ」と。

理想の自分になったフリをしましょう。

そうすれば過去のトラウマから脱却して、いつの間にか、自分が想像したこともない人になれます。それを実際に体験した私がいうのです。信じてください。恐れず堂々とフリをして、前へ進んでいきましょう。

悪いクセを取って
なりたい自分になったつもりで
恐れず、前へ歩む。

## 混ぜこぜだから面白い

ミュージカルを愛して、半世紀。なぜこうもミュージカルが好きなのか、自分でもわかりません。でも、ある日、友人の言葉のおかげで謎が解けました。

友人は仕事を見事にこなす、この道三十年のベテランスタッフ。彼は二十代の新人演出家の演出助手をしていました。しかし、初ミュージカルの演出家は、作品をまとめることが出来ずに、稽古場は混乱。他のスタッフたちからも信頼を失い、演出家は孤立。そんな時、演出助手が私に相談してきたのです。

「彼はミュージカルを知らなすぎるんだ。ミュージカルはこうでなければならないってことも」。そこでハッと気がついたんです。私がミュージカルを好きになったのは「こうでなければならない」が存在しない世界だからだと。

ニューヨークで生まれたミュージカルは、仕事にあぶれた歌手やダンサー、ヴォードヴィリアンと役者が、共に作品を創ったのが始まりだといわれています。まさにジャンルを超えたダイバーシティの表現がミュージカル誕生の核なのです。それも当時、世界で最も移民が多く集まった都市、ニューヨークだから生まれたわけです。

特に、マンハッタン島は人種のるつぼ。アメリカ人が自ら「ニューヨークは、アメリカではない」と言い切るように、世界中の移民たちで作り上げた街なのです。

黒人の妻を持つ中年の友人は「このマンハッタンだけだよ。白人の私が彼女と手を繋いでいるのを見て、変な顔をしないのは」と悲しげに言いました。頑固に自分の考えだけ通したら、一触即発で争いが起きるぐらい違う考えを持った人たちが集うマンハッタン。だからこそ、それぞれが人種を超えて対等に生きようと一生懸命努力しているのです。言いかえれば、地球で唯一無二の、ユートピアになれるかを挑戦している実験場でもあるのです。だからブロードウェイの舞台からは、あらゆる差別や偏見をやめようという、ポリティカリーコレクトにこだわった、新たな時代の作品が次々誕生するのです。

ですから今もミュージカルは、多様性を排除しません。役柄を単に、悪人か善人かと決めつけず、内面の葛藤や動機づけを掘り下げ、差別や偏見を否定していく。どんな役柄も否定せず、人間を肯定する。だからブロードウェイミュージカルは、愛しくも切なく、愛情にあふれた作品が多いのだと思います。

ミュージカルというスタイルには、「こうでなければならない」ではなく、時代と共に「もっと、こうしたい」というポジティブなエネルギーが秘められています。今でも全世界から多くの観客が訪れ、ブロードウェイの劇場街に毎晩、無数のライトが輝いているのは、その証です。

最近、アメリカから始まった「ブラック・ライヴズ・マター」(=黒人の命は大切だ)という動きも、すべての人類は、無条件に、平等であるべきだという、警察と政府への抗議です。新型コロナの感染拡大は、格差や差別も浮き彫りにしました。これからは性別、人種、すべてが混ぜこぜで、平等に扱われることを心から願っています。

ミュージカルの魅力は
ジャンルを超えたダイバーシティ
そこにこそ未来がある。

## エンターテインメントの隠れた本質

「#検察庁法改正案に抗議します」に賛同して、こんなに多くの方々から激励と非難を受けるとは。想像だにしませんでした。

そして、「芸能人は歌か踊りでもやっていればいい」という言葉も頂戴し、歌手でもなく、演技も指導しかできない私はどうしたらいいか、内心、微笑んでいました。

まだ、ある人たちは、終戦後から脱していないのだな、と呆れたのも事実です。

終戦後、GHQが占領した六年半、日本中のテレビや映画で流されていたのは、『パパはなんでも知っている』や『うちのママは世界一』など、カラフルな電化製品とファッションに包まれたアメリカンコメディ。それと、歌とダンスとお笑いも入ったバラエティでした。つまり楽しさだらけのエンターテインメントです。そして日本は、贅沢《ぜいたく》こそが幸せであることだと、アメリカに植え付けられます。

私もそんな影響を受けた母の息子。だからこそ、こうして最初は楽しいエンターテインメントに魅せられたのかもしれません。

でも実際、アメリカのエンターテインメント業界で仕事をしていくと、楽しさは表面だけ。その奥に、辛い現実を皮肉ったり、社会の問題点を辛辣《しんらつ》に描いたり、社会性を持ったりするものがほとんどなことに気づかされます。

考えてみればそれも当然で、作品が上演・上映されるのは、今。それがどんな時代設定であっても、世相を映し出し、現代人に何を伝えるかが、最も大切なのです。

でも日本では、今も、歌や演技をする人を「芸能人」とまとめて呼び、彼らが政治的発言をするだけでニュースになります。残念ながらＧＨＱ占領下と同じような状況になってしまったのでしょうか。

私たちが生きている限り、いつも身近でも数々の社会問題は起きます。だって、人類はまだ進化の途中なのですから。そのためにも、私たちはもっと論じ合ったり、お互いを尊重し考察したり、自分たちが本当に多様性を受け入れられるか、向きあわなくてはなりません。そのための大きな役割を演劇やエンターテインメントは担っているのです。

演劇史を見ても、ギリシア悲劇からシェイクスピア、ブレヒトやアルトーまで、政治的な問題しか取り上げていないといっても過言ではありません。またミュージカル史を見てもアメリカ産は『ウエスト・サイド・ストーリー』から『ハミルトン』、イギリス産は『レ・ミゼラブル』から『ビリー・エリオット』まで、名作と言われる作品には、必ずと言っていいほど、現代の社会問題に食い込む、政治的視点が強く入っています。

むしろ不思議なのは、日本だけが、政治を揶揄《やゆ》することを嫌うことです。私は二〇一四年に上演したミュージカルで、上演後、プロデューサー経由である方から「今後、あなたが作る作品は、すべて検閲します」と注意を受けました。とっさに政府に何か言われたから？と、頭をよぎりました。でも実際は「もし、何か言われたら」と制作側が忖度しての忠告でした。

六〇年代は、気骨あるアングラ演劇が日本でも台頭し、あれほど熱気を帯びていたのに。

いつからか私たちは、自主性より忖度を求めるようになってしまったのでしょうか。

しかし私は、私らしく、楽しいだけでなく、社会の問題にも目を向け、多様性を信じ、裸の王様にならないように作品を創り続けたいと思います。

本来のエンターテインメントには
社会の痛みや苦しみを変える
政治的視点がある。

# 苦い過去を知って

コロナ禍で、政府の文化予算について語ってほしいと何度かテレビから誘われましたが、ほとんどが「ドイツ政府と日本政府の支援額の違い」を話してほしいということでした。

でも、その件についてはなるべくお断りしていました。なぜなら、戦後、余りにも両国の文化への捉え方が違っていて、支援額が、大きい小さいの問題ではないと思ったからです。

そんなふうに考えるようになったのは、ベルリンの壁崩壊の一ヶ月後に、初めてベルリンに行ってからです。

あれは一九九一年の年末。ベルリンはまだ崩壊された壁があちらこちらに残っていて、東側と西側の全く違う雰囲気が、分断の二十八年の重みを漂わせていました。

西側は他のヨーロッパの都市と同じようなモダン建築や広告が華やかに街を彩り、東側は重厚な石の建物が歴史こそ権力と言わんばかりに力強く存在していました。

そして目からウロコだったのは、東側で上演していたオペラと現代劇『ハムレット・マシーン』でした。どちらの演出も抽象的で、難問を解くのが観客の役目と言わんばかりに、時代の傷跡を挑発的で大胆にぶつけてきます。それをのめり込んで観ている観客の真剣な眼差し。それは決してお楽しみなどではなく、舞台を通して、これからの人間の在り方を突き詰めようとする気迫が渦巻いていていました。

終演後、観客は帰らず、ロビーではあちらこちらで討論会が続いています。ストーリーの解釈、役柄の象徴する意味合いなど、作家が意図した深層を探るべく、老若男女たちが、大声で意見を戦わせているのです。初めて見た劇場の熱気に、私はドイツの未来を感じました。

ドイツはナチスの独裁政権という同じ過ちを二度と繰り返さないために、独裁ではなく自由を軸にするために、すべてにおいて透明性を最優先に考えています。その象徴ともいえるのが、誰もが議会を上から見ることができるガラスのドームを持った国会議事堂。それに、街の真ん中にあるユダヤ博物館や虐殺されたヨーロッパのユダヤ人のための記念碑です。

さらに、ドイツ政府は中央に権力を与えすぎないように、十六の州による連邦国にしました。つまり、違う思想、違う意見があることが、同じ過ちを繰り返さない方法だと知っているからです。だからコロナ禍でも、文化大臣が「アーティストは、わが国の生命維持に必要不可欠だ」と断言し、支援するのです。

一方、日本の戦後は、透明性を重視したとは言えません。広島平和記念資料館や、長崎の原爆資料館など、被害者側の視点からの展示はあるものの、加害者側の視点としての展示がほとんどないのが現状です。

私は、どんなことでも事実として起きてしまったことをすべて知って、自分の頭と心でこれから、どうあるべきかを考えていきたいのです。アメリカの大学で『敗北を抱きしめて』を書いた歴史学者、ジョン・ダワー氏と対談した時に、彼はこう言っていました。

「日本人は天皇の玉音放送により、加害者ではなく犠牲者となった」と。この言葉には意見が分かれるかもしれませんが今も時々耳にする、「アジアを侵略していない」「沖縄では軍が集団自決を強制していない」という、歴史をねじ曲げるような発言は、未来を担う子供たちに、悪影響を及ぼします。

それだけに、私たちは、苦い過去や現状のことを、透明性をもって公開しなくてはなりません。そして政治家は、もっと透明性をもって、政治を行わなくてはならないのです。

それがあって初めて、私たちは、過去の過ちを繰り返さず、強い確信をもって、新たな未来を共に創っていけるのですから。

「知らぬが仏」じゃない
どんな過去も現在も
オープンでこその未来。

## 三島由紀夫の予言

私は、小説家で劇作家の三島由紀夫氏を尊敬しています。そう言うとすぐ「右翼ですか？」と質問を受けますが、私が好きな理由は、右翼か左翼かという話とは違うところ、つまり彼が真摯に日本の在り方を考えた、唯一無二の作家だからです。

三島由紀夫氏は、海外でも未だ、多くのファンがいます。その理由を知りたく、アメリカとフランスで芝居版とオペラ版の『金閣寺』を演出しているとき、現地で何人かに質問してみました。するといつも似たような答えが返ってきます。「三島由紀夫は、日本人で唯一、顔が見えるから」。その意味は知名度や写真を見たことがあるからではなく「主張がはっきりしているから」だそうです。実際、彼らがそう言うのにも理由があります。三島氏は、西洋の論法を用いながら、日本の特性や素晴らしさをなんとか伝えようとしていました。そのために、まだGHQの占領下で海外旅行が禁止されていた時代に、彼は嘆願して世界一周をし、開眼します。日本人はもっと世界に自国のことをアピールしなくてはならない、と。日本の在り方をどう表現するか。アメリカに準じるのではなく、日本本来の精神を世界にどう伝えるか、彼なりに真剣に考えていたのだと思います。それは日本人に対しても然りです。

特に、彼の政治的思想の目覚めとも言える小説『金閣寺』では、至るところで、戦後の日本への不安と苛立ちを感じます。『金閣寺』は、実際に起こった金閣寺の放火を題材にしていますが、ストーリーや登場人物は全て三島の創作。今でも実際の金閣寺の住職さんたちは「えらいもの作ってくれはった」と怒っていらっしゃいますが、そこまでしてでも三島氏が描きたかったのは、戦前、戦中、戦後を通したまさに日本の在り方なのです。

『金閣寺』の内容は、溝口という、吃音《きつおん》によるコンプレックスを抱えた青年の私小説です。彼は戦前、父の言う通りに禅寺だった金閣寺に住み、生きる意味を知ろうとします。しかし、戦後になって世の中は資本主義にまみれていく。溝口の想像とはかけ離れた、欺瞞《ぎまん》に満ちた世界に朽ちていくのです。ついには、金閣寺がその象徴と思い込み、溝口は、金閣寺を燃やします。

溝口の行為を賛美するわけではありませんが、誰もが思春期から感じる、社会の表と裏。禅寺でさえも言いたいことが言えない、縦社会の一部となる様。これらは、今、問題になっている、歴史上の独裁者たちが英雄として彫像として崇《あが》められる現代の様と、なんら変わりないと思います。

『金閣寺』には、組み込まれた社会の矛盾、それに対する行動が溝口を通して描かれているのです。その純粋で正直すぎる、本気で生きている男、溝口が、私には三島由紀夫氏本人と重なってきます。

そういう意味でも、三島氏が自決前に新聞に残した、予言のようなこの言葉は、今を生きる私たちに警告しているように感じるのです。

「無機質な、からっぽな、ニュートラルな、中間色の、富裕な、抜目がない、或る経済的大国が極東の一角に残るのであろう」

時代を生き
その矛盾、欺瞞を知り
後世を思う。

## 要注意！　知らない間に慢心が

仕事をするにあたって、一番気をつけていること。それは慢心することです。つまり、おごり高ぶったり、自信過剰になることです。

自分では、それほど偉そうにしているつもりはなくても、歳を重ねたり、役職や地位につくと、誰でも慢心の罠にはまりやすくなります。

四十年も演劇の世界にいて、沢山そのような人たちを見てきました。例えば、一緒に汗をかき、美術セットを作ってくれていた人で、若い頃は純粋に、あらゆることに挑戦するのが夢だと、思いを共有していたのに。その人は公立劇場の管理職になるやいなや、急に政治家のように保守的になってしまう。

また、ある舞台の稽古初日。私が考えたコンセプトについて、年配の役者が突然、怒鳴り始め、自分がどれほど著名な別の演出家と仕事をしてきたのか、周囲の若手俳優に聞こえるように延々と説明しました。

また、最近、久々に会った昔の仲間と飲むと「昔は良かった」「今の若者は」「あいつらには分からない」と、上から目線の言葉が、連発して、段々と気持ちが暗くなってしまいます。

誰も悪気があって言っているのではないのです。自分の経験から他の人たちを計ってしまい、気がつかぬ間に、正当防衛をして、無意識に、他人との壁を作り、慢心してしまうのです。

つい「ここまでやってきたのだから、これでいいんだ」と過去のやり方を押し付けたり、「自分はこんな成果をあげた」「自分は人より努力した」などと、非難したり。特に長い経歴や歳を重ねたことが、慢心を起こさせます。

実はこの慢心。自分では最も気づきにくいものだと仏教でも言われています。修行僧たちでさえ、これで最後に足をすくわれるとか。

仏教の教えには「六大煩悩」という、人間を堕落させてしまう教えがあります。貪りの心、怒りの心、愚かな心、疑いの心、仏教に反する心、そして六つ目が、慢心です。最後にあるだけあってクリアするのは最も難しい煩悩《ぼんのう》なのです。

だから私は、出来る限り、謙虚に、どんな人とも対等に接したいと、心がけるようにしています。願わくは尊敬する葛飾北斎のように。

仕事や創作に対しても。葛飾北斎は、人間関係はまだしも、創作に関しては驚くほど謙虚でした。北斎が七十を過ぎた時の言葉です。「まだ駄目だ。八十になっても、九十になっても、まだまだ。願わくは百を過ぎて描く一点は、一つの命を得たかのように生きたものになることを願う」。あれだけの名作を残した北斎が、自分に妥協を許さず、常に描くことには謙虚だったのです。言い換えれば、その心があったからこそ、いつまでも新鮮に新たな画風に挑戦出来たのかもしれません。

何においても、自信を持ちすぎることは、自らの成長を止め、可能性をつぶしてしまうことにもなりかねません。人にも、仕事にも、慢心せず。死ぬその瞬間まで、謙虚で新鮮な心もちでいたいものです。

成長し続けたいなら
自信を持ちすぎず
いつも謙虚に、フレッシュに。

## 希望を与えてくれる言葉

喜劇王チャップリンの言葉が、いつも私に希望を与えてくれます。

「人生はクローズアップで見れば悲劇だが、ロングショットで見れば喜劇」

人生がうまくいかなくなった時、人はどうしても近視眼的にしか自分を見られません。そしてどうにもならない、と絶望的になる。でも、距離を置いて、自分を俯瞰《ふかん》すると、視界はさっと広がり、ほかにも選択肢があることがわかるのです。

つまり、悲劇と思っていた人生が、実は喜劇のようにおかしく素敵なものに思える。人生で起こるさまざまなことは、近視眼か俯瞰の視点かで、天と地ほどに別のものに見えるのです。

だから私は困難にあうと、俯瞰して、これも面白い人生の一部になるかもしれない、と思うようにしています。

過日のオペラ『蝶々夫人』で演出した時もそうでした。オランダの照明家が初演五日前になって、セットや転換の時間が長引きすぎたという理由で、突然、自分にはできないと言って帰国。今後、ドイツ、デンマークなど四ヶ国での海外上演が予定されていただけに、さすがの私も奈落の底に突き落とされた気分になりました。歌手が入っての舞台稽古が始まっても照明が入らず地明かりのまま。あまりの状態に私もキャスト、スタッフに申し訳なく思い、一人、劇場の三階の誰もいない客席に駆け込み、奥歯を噛んで声が出ないようにして大泣きしました。

私の頭の中では、迫りくる初日の混乱ぶりや、海外の芸術監督たちからの批評が悪くて予定された海外上演が全てキャンセルになりかねない、そうなれば皆で築き上げてきたオペラも終わりだ、などなど勝手に想像が膨らみ、八方塞がりの混乱状態になったのです。

でも、一時間ほどして、深呼吸をして意識的に自分を俯瞰して見ると、これは悲劇でもなんでもない。人からどう思われるかなんて、後から考えれば良いことで、そんなことを考えている暇があるなら、少しでも観客に喜んでもらえるために、初日まで自分が照明を作ればいい。いや、もしかしたら、そのほうが辞めた照明家よりもっと美しい舞台が作れるはずだ。そうだ、照明家デビューも悪くないと、その夜からプロデューサーらに頼みこみ、連日深夜まで照明に集中させてもらうことにしました。

すると、舞台がみるみると輝き始め、周りの人たちの熱い協力もあって、ついに開いた初日のカーテンコールでは、ブラボーの声と拍手で一生忘れることのない感動に包まれました。

しかし、ハプニングはまだまだ続いています。約一年後に決まっていたドイツのドレスデン州立歌劇場での上演は、新型コロナウイルスのために延期。未だ日程を確定できない状況ですが、今後、何が起きても、絶望的だと思う必要はありません。だって俯瞰すれば、これも刺激的な喜劇人生の一部なのですから。

絶望的にならなくていい
どんな悲劇も、俯瞰すれば
面白い喜劇に変わる。

## 褒めること

「僕は褒めません。だって、褒めると部下を操作していると思われるから」

これは、講演会で私が稽古で役者の演技を褒めると聞いて、ある商社に勤める人が返した言葉です。「ならば、どうしても、その仕事が素晴らしいと思ったら、どうするのですか?」と私が聞くと、今度はこう返されました。「あえて心に留め、成果を出した時、部下に伝えます」

企業の講演で「部下をどうまとめればいいか、教えてください」という質問をよく受けます。答えになっていないかもしれませんが、私はこう言います。「私は、まとめたことがないんです。そもそも部下とおっしゃいましたが、稽古場には縦社会はなく、上も下もありません」

もう、演出家が灰皿を投げる時代は終わりました。そんなことをしたら、欧米では俳優組合に訴えられ、演出家廃業です。親も上司も、怒鳴ってはいけない時代なのです。では、褒めるのは？　もちろん有り。でも日本人は、褒めたり、褒められるのも、あまり上手ではありません。

私たちは学校や会社で、先生や上司の言うことを黙ってきくことに慣れてきました。そのために、上下関係の中で褒めることは、先の商社の人の言葉のように、お互いを自分の枠に入れこむ、下心ある行為と、考えすぎてしまうようです。

だからといって、本心から良かったとも言えず、褒めたくても、相手がどう思うかヒヤヒヤする雰囲気では、良い現場とは言えません。では、良い現場とはどういうものなのでしょう？　それは誰もが自然体で明るく、褒めあって、冗談も飛び交う仕事場です。仕事場だからこそ、固まっていた脳を解放する。すると仕事も効率よく進み、アイデアも次々と生まれる。私はそうあってほしいと思います。

もちろん、私が言っている「褒める」は、思ってないのに褒めるといった、見せかけのものではありません。「よくできたな」「そんなアイデアもあるんだ！」「変わっていて面白い」と本心から思った時、間髪容れず、周りの気を読まず「いいね！」「凄いよ」「素晴らしい！」と思ったことを、すぐ相手に投げかける「褒める」です。誰だって、心の底では、仕事でも、ちょっとした喜びや、驚き、感動を感じるのですから。

では、どうやっても、誰もあなたを褒めてくれない仕事場ではどうしたら良いか。ならば手段を変えて、自分で自分を褒めるのです。

私のやり方は、自分を褒める言葉をメモに書いて、冷蔵庫や机の横、鏡にベタベタと沢山貼ります。また、外出する時も「You are so creative」と書いてある筆箱を持って歩き、稽古場で演出しながら、困った時にこれを見て「そうだ、まだ自分はアイデアが浮かぶ。やれる！」と元気づけます。

日本では余り褒められず、何度も心折れそうになっても、もう四十年も演出家を続けている私が言うのですから、効果絶大です。

以前、『世界ふしぎ発見！』に出演した際、こんなクイズがありました。「アメリカのエイブラハム・リンカーン大統領が暗殺された時、彼の胸ポケットに入っていたものとは？」。答えは彼のことを褒めてくれた記事でした。奴隷解放などあれほどの功績を残したリンカーンはうつ病だったそうです。常に、批判にさらされ、自分に自信が持てない時があったはずです。そんな彼を支えたのが、彼を褒めた記事だったのです。彼はこう言っています。「私は死んでゆくことは少しも怖くない。だが、こうして人間に生まれてきたのだから、何か生きがいを感じられるまで、生きている義務はあると思う」

褒められない環境にいるのなら、自分のために必要な「褒める言葉」。ぜひ傍に置いてみてください。お勧めです。

褒める言葉を
勇気を
いつも自分の傍らに。

# おわりに

先日、九十四歳の父と、十歳の愛犬を連れて旅に出ました。

運転をして、車椅子を押して、面倒を見る旅は正直大変でした。親父も愛犬も突然、オムツや道端に色々漏らすし、親父は慣れない環境と認知症の進行で、深夜に外をさまよって、違う部屋を窓越しにノックして歩いたり。「アモンはいい子だ、よしよし」と愛犬を私の名で呼んで、頭を撫ぜていました。

でも大変な分、驚きと、笑いの連続で、思い出深い旅になりました。特に忘れられないのは、親父の身体を洗ってあげた時です。彼は昔から、身だしなみに気を使い、堂々と銀座を闊歩している男でした。それが今、私の目の前にいるのは、小さくなり、痩せ細り、骨の浮いた薄い肉と曲がった背中をした、ほとんど動けなくなった裸の老人でした。それでも風呂から上がると、ほとんどない髪の毛を二十分もかけて梳《と》かすのです。私はその姿を見て、生き続けることの壮絶さを見た気がしました。

人間は生き続けていると、どうやってもどこかが機能しなくなります。身体だけでなく、心もそう。辛かったり、痛かったりすることを歳を重ねた分だけ、経験していくものです。親父は、顔には出さないものの、「人には、迷惑をかけたくない」と、常に思い続けている人です。

そんな彼だから、日々、自分のできないことが増えていくと、そのことで自分を責め、気持ちのアップダウンも激しくなります。私はそんな悔しそうな親父を見る度に、愛おしさに満ちあふれ、ますます抱きしめたくなるのです。

父が再婚した継母を見ていても同じ感情にとらわれます。彼女も非常に負けず嫌いで頑張り屋さんでしたが、今では乳がんを患い、抗がん剤で髪はなくなり、痩せ細っています。でもそれこそが生きることの壮絶さそのものであり、だからこそ生き続けることは素晴らしいのだと、私は思うのです。

本文でも書きましたが、私は二十年ほど前、バンコクで大きな交通事故に遭いました。乗っていたタクシーのフロントガラスを突き破り、意識を失って、見えたのは、真っ白い発光した世界。その世界の中で、どこからともなく聞こえたのは「まだ生きたいのですか？　それとも、もう、いいのですか？」という問いかけでした。

当時、舞台の演出が控えていた私は「まだまだ生きたいです」と、はっきり答えました。するとと突然、意識が戻ったのです。目の前には、倒れた私をのぞき込む、現地の人たちの心配そうな顔が突然現れました。

生きるか、死ぬかは、あなたが決めるのです。

よく「死ぬ人は、タイミングを知っている」と耳にしますが、その通り。私たちは、死を前にした無意識の中で、神様と自分との、最も重要な問答が行われ、生死が決まるのです。それから私は、どう生きるかが最も大切なのだと思うようになりました。

そのことをより強く意識したのはインドの聖地、ベナレスを訪れた時でした。ガンジス河に面した火葬場と、そこでの営みに魅せられ、何時間もそこで過ごしました。薪が二メートルくらいの高さに積み上げられたところに、次々と人間の死体が運ばれて来ます。作業員は慣れた手つきで次々と焼いていく。いまだにカースト制が色濃く残るインドですが、貧富の差がわかるのは、服をまとっている時だけ。油がかけられると、あっと言う間に誰もが同じように燃えます。まず、皮膚がメラメラと焼かれ、次に内臓の液体が噴出、あとはカラカラに焦げた肉が残り、そばにいた野犬が、残った骨を求め群がります。作業員たちは犬を追い払うと、バケツに入った骨をミルク色に濁ったガンジス河に放り投げるのです。その時気づかされました。人の肉体なんて、すぐ消えて、無くなるのだと。

だから凄いんです。心があって、魂があって、生きている、そのことが。

それでも悲しいことに、自殺という究極の選択をしてしまう人がいます。私も高校生の時から自殺を真剣に何度も試みただけに、その時の気持ちはわかります。でも、今は、生きていて本当によかったと思っています。あの時は「これしかない」と思い込んで悩んだことが、後にどれほど狭い視野で、小さな世界の中でしか考えていなかったのか、気づくことができたから。

あなたは、お金を稼ぐために生まれてきたのではありません。

あなたは、社会のために生まれてきたわけでもありません。

ましてや名誉や地位を得るためのはずもありません。

あなたは、あなた自身が輝くために生まれてきたのです。

せっかく生まれたのだから、最後まで諦めず、人生を謳歌してください。でないとその命が、もったいなさすぎます。

生きているって、壮絶で、時には醜悪で、でも限りなく美しい。

だから、どんな地震や、津波や、災害にあっても、

どんなに情けない、辛い、苦しい気持ちになっても、

「もういいかな」なんて、絶対に思わないでください。

あなたがいつ死ぬかは、神のみぞ知る。
誰でも、いつかは死ぬんです。どうせ同じように死ぬんだったら、ジタバタせず、大いに笑って、楽しんで、やりたいことをやって、徹底的に生きてみませんか？

弱気になった時、宣言してください。
生きて！　生きて！　上を向いて生きる！

そして、人生の幕を閉じる時、大きな拍手で、お互いを送り出しましょう。
それまで、いつまでも幸せに。お元気で。

宮本亞門

〈著者プロフィール〉
**宮本亞門**（みやもと・あもん）
1958年東京都生まれ。87年にオリジナルミュージカル『アイ・ガット・マーマン』で演出家デビュー。2004年、東洋人初の演出家としてニューヨークのオンブロードウェイにてミュージカル『太平洋序曲』を手がけ、同作はトニー賞の4部門でノミネートされる。ミュージカルのみならず、ストレートプレイ、オペラ、歌舞伎等、ジャンルを超える演出家として、国内外で活躍する。19年に宮本亜門から宮本亞門に改名した。20年にはコロナ禍で立ち上げた「上を向いて歩こう」を歌や踊りでつなぐプロジェクトの動画がYouTubeで累計250万回を超える再生回数を記録。同年10月には演出を手がけるミュージカル『生きる』の再演を控える。

上を向いて生きる

2020年10月10日　第1刷発行

著　者　宮本亞門
発行人　見城 徹
編集人　福島広司
編集者　杉浦雄大

GENTOSHA

発行所　株式会社 幻冬舎
〒151-0051　東京都渋谷区千駄ヶ谷4-9-7
電話　03(5411)6211(編集)
03(5411)6222(営業)
振替　00120-8-767643
印刷・製本所　図書印刷株式会社

検印廃止


ISBN978-4-344-03702-1　C0095
幻冬舎ホームページアドレス　https://www.gentosha.co.jp/

この本に関するご意見・ご感想をメールでお寄せいただく場合は、
comment@gentosha.co.jpまで。